红旗漫卷营盘岭

中共兰州市城关区委党史资料征集委员会办公室 编

中国文史出版社

图书在版编目（CIP）数据

红旗漫卷营盘岭 / 中共兰州市城关区委党史资料征
集委员会办公室编；范祥荣编著. -- 北京；中国文史
出版社，2024. 5. -- ISBN 978-7-5205-4808-3

Ⅰ. K266.06

中国国家版本馆CIP数据核字第2024TY4078号

责任编辑：李晓薇

出版发行：中国文史出版社

社　　　址：北京市海淀区西八里庄路69号　　邮编：100142

电　　　话：010-81136606　81136602　81136603（发行部）

传　　　真：010-81136655

设计制版：兰州大雅文化艺术有限公司（0931-4679978）

印　　　装：浙江经纬印业股份有限公司

经　　　销：全国新华书店

开　　　本：710mm×1000mm　1/16

印　　　张：11.5

插　　　页：16页

字　　　数：130千字

版　　　次：2024年8月北京第1版

印　　　次：2024年8月第1次印刷

定　　　价：58.00元

《红旗漫卷营盘岭》
编委会名单

主　任：刘凤恒　孙　裕

副主任：张平华　牛　强

委　员：刘立军　林蔚峰　杨重霆

　　　　成维祥　郭　佳　于想才

　　　　张明春　孙　鹏　贺　强

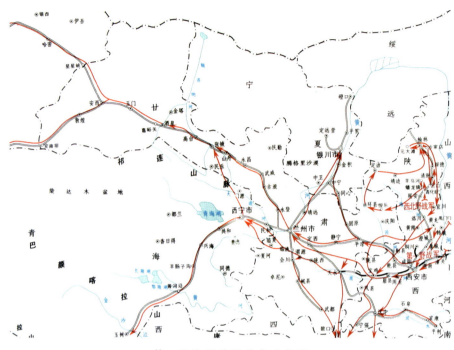

第一野战军进军甘肃示意图

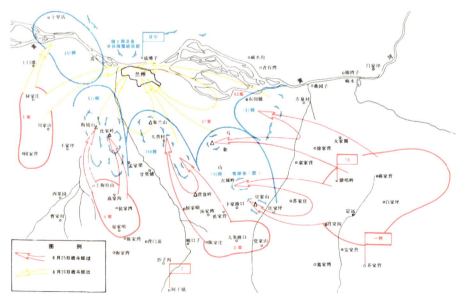

兰州战役战斗经过示意图

第一野战军举行解放兰州动员会

人民群众支援前线

第一野战军向甘肃开进

第一野战军开展"诉苦三查"教育

中共党组织绘制的 1949 年兰州城池图

兰州战役中解放军指战员穿戴过的衣物

8 月 19 日，第二兵团炮兵进入皋兰山阵地

兰州战役中第一野战军炮兵阵地

8月21日，试攻兰州外围受挫后指战员在阵地上总结经验

在炮火掩护下，第一野战军向兰州守敌阵地发起冲击

兰州战役总攻时，第一野战军战士攀登陡壁向敌阵地攻击

8月25日，第一野战军突击部队在炮火掩护下向兰州守敌发起冲锋

兰州战役总攻时战士们撑杆越过敌军战壕

8月25日，第一野战军占领敌人第一道外壕炮火延伸射击

第一野战军突破兰州守敌防线

第一野战军把胜利的红旗插上敌军阵地

第一野战军攻占兰州黄河铁桥

第一野战军通过黄河铁桥追歼残敌

兰州战役中俘虏的国民党官兵

兰州战役胜利的红旗插上兰州城头

第一野战军进驻兰州城

我軍解放蘭州

控制黃河鐵橋佔領永靖縣城

江西吉安分區殘流匪三百餘

1949年8月28日，《人民日报》报道兰州解放

【新華社西北前線二十七日電】人民解放軍二十六日上午攻克甘肅省省會蘭州市，控制蘭州以北的黃河鐵橋，至此蘭州已經解放。另據解放軍二十三日進佔蘭州西南黃河南岸的永靖城。

【新華社北平二十七日電】蘭州介紹：蘭州市爲甘肅的省會，是僅次於西安的西北第二大城，人口近二十萬。蘭州位於西北大高原上，北瀕黃河，居全國的中心地位，扼陝、甘、青、新諸省交通的樞紐，西去青海的西寧，東北至寧夏的銀川，西北至新疆的迪化，東越隴東可達西安，抱及戈壁沙漠，均有公路可通。黃河北岸金城關有木盆渡與浮橋溝海，約在一九〇九年前造之是黃河三大鐵橋之一，蘭州工業以毛織業爲主，用所得之物有土絨、土呢、羊皮、野駱駝皮等。

各界群众欢庆兰州解放

第一野战军举行入城仪式

兰州战役后，第一野战军继续西进

营盘岭战斗纪念雕塑

兰州战役遗址

前　言

　　甘肃省会兰州中心城关区，位居中华陆域版图的几何中心，自秦始皇三十三年（前 214 年）兰州设行政建制，这里便是中亚、西亚、中东、欧洲古丝绸之路要冲的通衢重镇，是"屏障中原、联络西域、襟带万里"、承东启西、联南济北的枢纽。因其独特的地理位置，大西北地区的许多重大革命事件都发生在这片热土上。从 1925 年冬甘肃省第一个中共党组织——中共甘肃特别支部在这里建立到 1949 年 8 月 26 日兰州解放，在长达 25 年的革命历程中，中国共产党领导兰州人民进行了艰苦卓绝、英勇不屈的斗争，创造了可歌可泣的英雄业绩，无数革命先烈为党、为新中国做出了巨大的贡献与牺牲，奉献了自己的青春年华，甚至是宝贵的生命，谱写了一曲曲赤胆忠心、彪炳史册的壮丽凯歌。

　　2019 年 8 月 22 日，习近平总书记在甘肃考察工作结束时的讲话指出："解放战争时期，兰州战役是解放大西北中最关键、最激烈的一次决战，第一野战军解放兰州，为解放整个西北铺平了道路。"兰州战役，是中国人民解放军在大西北与国民党军进行的战略大决战，消灭了国民党马步芳军事集团的主力，摧毁了国民党军西北战略防御体系，加快了大西北全境解放步伐。营盘岭海拔 2171 米，是兰州城东南的天然屏障，国民党军马步芳军事集团在此修筑了以钢筋水泥碉堡为核心的坚固防御工事，整个山梁筑成了纵深 14 公里的"永久性"防御体系，且山势险要，易守难攻。营盘岭战斗是兰州战役中惨烈的攻坚战，对于解放兰州起到了关键性作用。第一野战军六军指战员在营盘岭战斗中，前赴后继，浴血奋战，无数英烈血染黄土地，彻底挫败了守敌的斗志，撼动了整个兰州战场，加速了敌军的全线溃败，为兰州解放立下了不朽功勋。

　　天地英雄气，千秋尚凛然。我们的血脉中流淌着红色基因，永远忘不了为争取民族自由和独立牺牲的无数革命英烈。英烈是我们民族的脊梁，是民族精神最闪亮的坐标。无论是战火纷飞的革命年代，艰苦创业的建设时期，还是今天波澜壮阔的新时代改革大潮中，坚持共产主义理想信念，弘扬不畏牺牲的英雄主义精神永远是我们这个时代的主旋律。牢记历史，感悟中国革命不平凡的伟大历程，时值兰州解放 75 周年，重温当年营盘岭战斗的历史，再现英烈们可歌可泣的光辉事迹和坚守初心用鲜血书写的荣光，凝聚成激励我们奋勇前行的强大力量，为中国式现代化城关实践奋力谱写出新的篇章！

《红旗漫卷营盘岭》编委会

2024 年 7 月

目　录

引 子

2024 年 8 月 26 日，是兰州解放 75 周年纪念日。

解放战争中的兰州战役是国共西北战场的战略大决战，中国人民解放军第一野战军消灭了国民党马步芳军事集团的主力，摧毁了国民党军西北战略防御体系，加快了大西北全境解放步伐。兰州战役也是西北解放战争中规模最大、战斗最激烈的城市攻坚战。营盘岭海拔 2171 米，是兰州城南面山的最高峰，敌人重兵把守，凭借抗战时期修筑的永久性碉堡水泥工事，叫嚣"营盘岭是牢不可破的铁阵"。攻占营盘岭在整个兰州战役中发挥了至关重要的作用，担任攻击任务的第一野战军二兵团六军，拿下营盘岭就意味着拿下了解放兰州的制高点，打开了兰州的"南大门"。

兰州战役时担任第六军军长的罗元发将军，对兰州有着特殊感情。在兰州解放 32 周年的时候，他又一次来到兰州登上皋兰山营盘岭，充满深情地说："巍巍皋兰山像一座丰碑挺立在黄河之滨，它使我不禁想起了当年我军激战兰州城，血染营盘岭，全歼守敌的战斗情景。"罗元发在后来回忆到兰州战役总攻前夕，陪同第一野战军首长一起看地形的情景时，说："巍峨的皋兰山，呈现在我们眼前。我首先看的是我军将要进攻的营盘岭，它位于皋兰山的中央，与敌人设在西边的沈家岭和东边的马架山阵地，互相衔接，互为依托，并以抗日战争时期修建的'国防工事'为骨干,构成对我军的整个防御体系。皋兰山以营盘岭为最高,能否拿下它,是我六军能否胜利完成这次战斗任务的关键。"

往事如烟,记忆犹存。罗元发将军在回忆第六军攻占营盘岭后的情景时,无限感慨地说:"黄昏时刻,我漫步在营盘岭上。夕阳,映照着红旗,映照着烈士的鲜血,皋兰山上一片红。面对此情此景,我不禁自言自语:'皋兰山,你是历史永久的见证;兰州,是无数人民子弟兵的鲜血换来的!'"

把红旗插上营盘岭的第六军,是一支具有光荣传统的英雄部队,在土地革命时期、全民族抗日战争时期、解放战争时期,建立了彪炳史册的战绩。其前身是红军时期由红一方面军第五军团的一部,全民族抗日战争时期八路军第一二九师第三八六旅一部和冀鲁豫、晋察冀几个分区的部分地方部队。1947 年 10 月 11 日,在陕西省绥德县,以教导旅、新编第四旅组成第六纵队,隶属西北野战军建制,罗元发任司令员,徐立清任政治委员,张贤约任副司令员,唐子奇任参谋长,饶正锡任政治部主任,全纵队 1.3 万余人。1949 年 2 月 1 日,根据中央军委关于统一全军编制和部队番号的命令,第六纵队改称中国人民解放军第六军,隶属第一野战军,共约 1.4 万人,罗元发任军长,徐立清任政治委员,张贤约任副军长,唐子奇任参谋长,饶正锡任副政治委员兼政治部主任,郑云彪任后勤部部长;教导旅改称第十六师,吴宗先任师长,关盛志任政治委员;新编第四旅改称第十七师,程悦长任师长,黄振棠任政治委员。6 月初,在晋南运城由运城军分区机关和部队组建第十八师，张树芝任师长，景明远任政治委员，新建第十八师补充第六军。6月中旬，第六军编入第二兵团（11月转隶第一兵团）。

第十六师的前身是1944年1月由冀鲁豫军区部队组建的冀鲁豫军区西进支队，同年8月，改称陕甘宁边区留守兵团教导第一旅，1946年4月与教导第二旅合编为陕甘宁晋绥联防军教导旅。1947年2月10日，教导旅编入陕甘宁野战军仍为教导旅，3月16日改称西北野战兵团教导旅，7月31日改称西北野战军教导旅，10月11日编入新组建的西北野战军第六纵队仍为教导旅，1949年2月1日改称中国人民解放军第六军十六师。该师是有红军基础的老部队，在解放战争中先后参加了榆横、西华池、延安保卫战、青化砭、羊马河、蟠龙、陇东、三边、榆林、沙家店、延清、宜川、黄龙山麓、西府陇东、澄郃、荔北、西北冬季与春季攻势、陕中、扶眉、兰州、进军新疆等战役战斗。

第十七师前身是1943年组建的陕甘宁边区留守兵团新编第四旅，后改称陕甘宁晋绥联防军新编第四旅，1947年2月10日编入陕甘宁野战军仍为新编第四旅，3月16日改称西北野战兵团新编第四旅，7月31日改称西北野战军新编第四旅，10月11日编入新组建的西北野战军第六纵队仍为新编第四旅，1949年2月1日改称中国人民解放军第六军十七师。该师是有红军基础的老部队，在解放战争中先后参加了榆横、西华池、延安保卫战、青化砭、羊马河、蟠龙、陇东、三边、榆林、沙家店、延清、宜川、黄龙山麓、西府陇东、澄部、荔北、西北冬季、春季攻势、陕中、扶眉、兰州、进军新疆等战役战斗。该部骁勇善战,战斗作风硬朗,战斗经验丰富,执行命令坚决,敢打硬仗恶仗,攻守皆佳,战斗力超强,是第一野战军头等主力师。

第十八师前身是运城军分区部队,1949 年 6 月改编为中国人民解放军第六军十八师,同年 10 月进驻西安。1950 年 12 月,改编为公安第四师,脱离第六军建制。

兰州战役胜利后,第六军十六、十七师指战员征尘未洗,即在军部的率领下向河西走廊进军,并在酒泉附近先后收编起义、投诚的国民党军 5200 余人(后改编为独立师,进疆时编入第十六、十七师)。1949 年 11 月,第六军转隶第一兵团,率第十六、十七师参加进军新疆。

1950 年 1 月,第六军军部与第十七师进驻迪化(今乌鲁木齐)、伊宁等地。3 月,第六军十六师进驻哈密、镇西(今巴里坤)等地,后执行大生产、参加地方政权建设和剿灭土匪等任务,在奇台东大草原和北沙窝地区清剿乌斯满匪帮,解放牧民群众 3.1 万余人。

1953 年 5 月,第六军军部与西北军区航空处合编为西北军区空军,第十六、十七师改编为农业建设第五、六师,第六军番号即行撤销。

第一章　光辉足迹

中国人民解放军第六军前身各部，可谓战绩辉煌，功勋卓著。

红军时期，在保卫中央苏区的战斗中，红五师十五团接替两个师的阵地，展开阻击战，整整坚守了3天，掩护大部队转移后，跟随中央红军离开瑞金，又踏上了漫漫长征路。

全民族抗日战争时期，教导第一旅和第二旅合并组成教导旅，驻守延安门户——金盆湾，保卫毛泽东主席和党中央。

解放战争时期，为保卫红色首府延安，教导旅血战七天七夜，完成抗击敌人的任务，撤出金盆湾后，在彭德怀指挥下，与兄弟部队并肩战斗，一战青化砭，二战羊马河，三战蟠龙镇，最终把进攻延安的胡宗南部队消灭了一大半。以教导旅和新编第四旅为基础组建了西北野战军第六纵队，先后参加了榆林、宜川等战斗和战役，特别是在西北野战军挥师西进，直取宝鸡，发起西府陇东战役①中，第六纵队血战屯子镇，彰显了全体指战员不怕牺牲、血战到底的英雄本色。

---

① 西府陇东战役：1948年4月16日，西北野战军从陕甘宁边区关中分区马栏镇等地出发，分左、中、右三路出击西府国民党统治区，经近30天的连续作战，解放了旬邑、长武、彬县、永寿、麟游、扶风、岐山、凤翔、千阳等县城和乾县的一些农村，共歼灭国民党军2.1万余人，俘敌近万人。

七昼夜金盆湾阻击战

1945 年 4 月 23 日，罗元发作为晋察冀抗日根据地①雁北地区代表参加了中共七大。6 月 11 日，聂荣臻（晋察冀军区司令员兼政委）找罗元发谈话，要他接替邓华担任晋绥联防军教导第二旅政委（不久后兼任旅长）。两天之后，朱德总司令在王家坪驻地找罗元发谈话，要他去接替邓华同志任教导第二旅政委。罗元发表示坚决服从党的决定。

6 月 16 日，罗元发接到通知，下午 4 点钟到枣园，毛泽东主席要找他谈话。罗元发尽管多次见过毛泽东主席，但这是第一次单独直接见面，所以还是十分激动。下午，在一位陪同人员的带领下，他乘坐一辆卡车到了枣园。罗元发从卡车上跳下来，毛泽东主席刚好从窑洞里走出来，他快步上前敬礼问候。

毛泽东主席对罗元发谈话后的第三天，罗元发去了教导二旅任职，带着第二教导旅在金盘湾和南泥湾一带边生产边训练。

1945 年冬，教导第一旅和教导第二旅合并组成教导旅，罗元发任旅长兼政委，邱蔚任副旅长，饶正锡任副政委，陈海涵任参谋长。教导旅驻守的金盆湾是延安的门户，高山夹着大川，山上梢林密布，荒草萋萋，咸榆公路从这里通过，是国民党军胡宗南部进攻延安的必经之地，战略位置十分重要。

---

① 晋察冀抗日根据地：是中国共产党在抗日战争时期（1931 年 9 月 18 日至 1945 年 8 月 15 日）于敌后开创的第一个抗日根据地，是华北抗日根据地的重要组成部分。1937 年 9 月平型关大捷后，八路军一一五师主力南下，聂荣臻率一部分部队和军政人员留驻五台山，开展游击战争，创立了晋东北、察南、冀西三个游击区。11 月 7 日成立了晋察冀军区，初步形成了以五台山为中心的晋察冀抗日根据地，主要包括华北同蒲路以东，津浦路以西，正太、石德路以北，张家口、承德以南广大地区。

　　　　　　　　　　　　链　接
　　　　　　　　　　　　罗元发

　　1910年11月15日出生于福建龙岩市龙门镇龙门村。1926年参加农民协会，1928年加入中国共产主义青年团。1929年春，毛泽东、朱德率红四军入闽，罗元发率农民自卫队参加了配合红四军攻打龙岩县城的作战，战后编入红四军第四纵队，不久调任龙岩县列宁青年队队长，并被选送到闽西红军学校学习。同年加入中国共产党。

　　1930年3月，红军学校毕业，罗元发先后任红十二军特务连排长、政治指导员，红五军团第十三军连政治指导员，红九军团第十四师四十二团代理政治委员兼政治处主任，红三军团第五师十五团政治委员，参加了中央苏区历次反"围剿"。长征中，罗元发任红三军团政治保卫局执行科科长、第十二团中共总支书记，到陕甘革命根据地后任红一军团一师一团政治委员、师政治部主任，参加了直罗镇、东征等战役。

　　全民族抗日战争爆发后，任八路军第一一五师独立团政治处主任，参加平型关战斗，随部出色完成在灵丘以北和以东地区顽强阻击日军增援任务；后任独立第一师一团政治委员、师政治部主任。1938年起任晋察冀军区第一分区政治部主任，雁北支队政治委员兼中共雁北地委书记，率部转战察南、保北、平西、雁北广大地区，参加了著名的黄土岭战斗和百团大战。

　　1947年3月初，蒋介石发动了向陕甘宁边区^①的重点进攻，国民党军胡宗南部主力分成两路，右兵团由整编第一军军长董钊率3个整编师，占领临镇、金盆湾等地，沿金延大道两侧，向延安攻击前进；左兵团由整编

────────

　　①陕甘宁边区：在土地革命战争时期陕甘革命根据地，中国共产党在陕西、甘肃和宁夏三省交界地区建立的抗日根据地，后来发展为陕甘宁苏区。西安事变以后，中国共产党为坚持国内和平，团结抗日，将陕甘宁苏区改为陕甘宁特区。1937年全民族抗战爆发后，根据中共中央代表与蒋介石的共同决定，于9月20日正式更名为陕甘宁边区。

第二十九军军长刘戡率 2 个整编师，占领富县、茶坊、甘泉等地后，协助右兵团，企图以闪击行动迅速攻占延安，然后于延安附近包围歼灭解放军主力；蒋介石调集上海、徐州飞机 94 架助战。胡宗南信誓旦旦地向蒋介石表态："三日内攻占延安。"面对汹涌而来的国民党胡宗南部队，党中央决定主动撤离延安，留一座空城给胡宗南。同时，毛泽东主席作出决定，中央不过黄河，留在陕北，意在牵制胡宗南部队，由彭德怀指挥在陕北的 2 万余解放军，实施统一的作战行动，在运动中集中优势兵力逐批消灭敌人。根据战斗情形，毛泽东主席亲自签署命令："教导旅、二纵队（王震部）为左兵团，归王震、罗元发同志指挥，在王震未到前，归罗元发同志指挥。罗元发率教导旅在南泥湾、金盆湾、临镇、松树岭地区组织防御战斗。上述地区至少坚持七天。"罗元发接到命令后，立即进行研究，调整了部署，加强了火力。

11 日，国民党军胡宗南部派飞机轰炸延安，之后又以 34 个旅、25 万余人的兵力向延安大举进犯。而全陕北的解放军部队只有几个旅，加上后勤人员也才 2 万多人，而且解放军的子弹每人不足 50 发，有的迫击炮只有两三发炮弹。延安情势危急，为了保护党中央机关和人民群众转移及之后的战斗，毛泽东主席发布了保卫延安的任务：命令教导旅在金盆湾防御，阻击胡宗南右路兵团。

12 日拂晓，国民党空军出动飞机开始轰炸延安，罗元发一面指挥部队隐蔽，一面迅速组织对空射击，几十架敌机一批又一批飞来，阵地上顿时一片尘烟。敌军飞机轰炸了整整一天，这是胡宗南的开场锣鼓，真正的战斗还未开始。

13 日 8 时许，胡宗南部整编第二十七师轻装奔向临镇，先与教导旅的警戒分队接上了火，紧接着与教导旅二团和警卫营展开激战，敌整编第一、九十师进攻的方向是南泥湾东侧和金盆湾。敌军采取集团进攻和迂回包抄的方式，向驻守在这里的教导旅一团扑去，教导旅与胡宗南的右路兵团全面接上了火。战斗最激烈的金盆湾，国民党军第九十师代师长陈武兵分两路，向教导旅一团防御阵地猛扑过来，指战员使用小炮班，采取打一炮换一个位置的战术，打得国民党军晕头转向，一次次击溃了敌人的攻击。战斗持续了一整天，陈武的多次进攻均未能奏效，其他地方与金盆湾阵地一样，敌人未进得半步。胡宗南见进攻受挫，严斥董钊和刘戡不惜一切代价，必须在 3 天之内拿下延安。

14 日，国民党空军一批又一批对教导旅防守阵地进行狂轰滥炸，数十里战线的阵地上翻腾着浓烟烈火。敌机轰炸后，敌军发起猛烈攻击，陈武改变了战术，向教导旅一团和二团的接合部发动了猛攻。教导旅防守接合部阵地上只有不到 3 个连的兵力，指战员英勇抗击，但毕竟寡不敌众，在敌人就要从阵地中间突破的危急关头，罗元发立即命令旅直特务营前去增援，一连打垮了敌军多次进攻，阵地前沿敌军尸堆积如山。不久，敌军又动用了约 3 个团的兵力，在督战队的威逼下，向教导旅阵地压来。子弹打光了，手榴弹也扔得差不多了，教导旅战士们就上了刺刀，与敌人展开了白刃格斗。

15 日夜晚，经过连续的激战后，罗元发命令部队撤至马坊、南泥湾一带第二道防线，下令各团连夜抢修工事，加紧在阵地前沿和各大小道路布设地雷。

16 日，胡宗南部董钊把进攻部队全部拿了出来，向教导旅各阵地发起攻击。教导旅官兵几乎以白刃战的方式，与冲上来的敌人展开厮杀，防御阵地一次又一次地被敌人撕开口子，但还未待敌人立足站稳，指战员们又立即冲了上去把撕开了的口子补上，教导旅指战员反复争夺，始终像铜墙铁壁一样挡住了敌人的进攻。下午，彭德怀给罗元发打来电话说，毛主席夸奖教导旅打得很好，打得英勇顽强，掩护了中央和延安人民的转移。彭德怀在电话中要求罗元发把毛主席的话传达到每个战士，坚决完成抗击敌人七昼夜的任务。罗元发在电话里对彭德怀说，教导旅决不辜负党中央、毛主席的期望，狠狠打击敌人，坚决完成任务！连续5个昼夜的激烈战斗后，罗元发根据战场形势的变化，不断收缩部队防线，再次命令部队撤至松树岭一带的第三道防线。松树岭防线是教导旅保卫延安实施阻击的最后一道防线，罗元发再一次对部队做了动员，向指战员传达了毛泽东主席的话和彭总的指示，并下令将旅直机关人员和预备队派到各团加修工事，准备迎接一场更大的恶战。

17日，敌军的进攻更加凶猛，妄想一举攻克松树岭。午时，松树岭以南的磨盘山阵地陷落——这是教导旅一团防御阵地的支撑点，如果不能及时夺回，敌军就能断教导旅的侧背，进行迂回包围，更严重的是敌军能畅通无阻地翻过山峁，沿着大道直逼延安。危急时刻，罗元发命令作为预备队的第一营出击，不惜一切代价把磨盘山从敌人手里夺回来。教导旅第一团一营迅速出击，经数小时浴血奋战，磨盘山重新回到教导旅手中，第一团防御阵地稳住了，整个松树岭防线稳住了。

18日下午，教导旅经过连续几天的战斗，部队伤亡更加严重。罗元发下令旅直机关参谋、干事等非战斗人员全都上战场，教导旅女护士长刘俊乔也加入前沿阵地的战斗中。22时，彭德怀分析了敌我态势，命令罗元发说，中央机关及延安居民已安全疏散完毕，教导旅七昼夜的抗击敌人任务已经完成，命令他们将所有部队撤至青化砭以东隐蔽集结，待命歼敌。夜幕已经笼罩了陕北高原，杨家畔教导旅指挥所，罗元发立即向旅团以上干部宣布了彭德怀下达的撤出战斗命令。

罗元发指挥教导旅在兄弟部队的紧密配合下，以寡敌众，英勇抗敌七昼夜，抵挡住了敌人七个半旅的轮番进攻，大量杀伤了敌军的有生力量，毙伤敌5000余人，出色地完成了掩护中央和延安人民撤退的任务。

——金盆湾阻击战，与后来的塔山阻击战[1]、黑山阻击战[2]一起，被写进了中国人民解放军军史，罗元发因此也被赞为挤不烂、打不垮的"铁脑壳"，威名远扬。

罗元发率教导旅撤出金盆湾后，在彭德怀指挥下，与兄弟部队并肩作战，一战青化砭，二战羊马河，三战蟠龙镇，取得了骄人的战绩。

激战宜川、瓦子街

1947 年 10 月 11 日，在陕西省绥德县，以教导旅、新编第四旅组成第六纵队，隶属西北野战军建制。罗元发任司令员，徐立清任政治委员，张贤约任副司令员，唐子奇任参谋长，饶正锡任政治部主任。

11 月 19 日，第六纵队从响水堡、鱼河堡一线集结于西岔、党家岔、镇川堡、上下阳湾一带休整。根据西北野战军政治部推广的第一纵队整训的经验，开始了新式整军运动。通过挖苦根，找苦源，许多解放战士用自己的惨痛经历，控诉了日本鬼子和国民党反动派的欺凌、压迫下过的牛马生活。这样，将个人的仇恨提高到阶级仇、民族恨上来认识，纷纷订杀敌立功计划，写血书表示决心，各级指战员的请战书像雪片一样飞到各级政治部来。

---

① 塔山阻击战：中国人民解放军东北野战军第四、十一纵队等部在辽沈战役中，为保障主力夺取锦州，于辽宁省锦州西南塔山地区对增援锦州的国民党军所进行的防御作战。战斗从 1948 年 10 月 10 日开始，至 15 日结束，共进行了六天六夜，毙伤敌军 6000 人以上，保障了我军主力攻克锦州作战的胜利。

② 黑山阻击战：中国人民解放军第十纵队在辽沈战役中，于 10 月 23 日至 26 日，抗击了国民党军"西进兵团"三昼夜的连续猛攻，将数倍于己之敌死死钉在了黑山，为大军回师辽西、全歼廖耀湘兵团赢得了决定性的时间。

链　接
徐立清

原名徐映清，1910年4月5日生于河南商城县吴店区中家湾（今属安徽金寨县）。1929年8月参加中国工农红军。次年9月加入中国共产党。

1931年起先后任红四军十一师政治部组织科科长、第三十二团政治处主任、第十二师政治部主任、军政治部主任，红四方面军总医院政治部主任，红四方面军总卫生部政治委员，参加了鄂豫皖、川陕苏区反"围剿"和长征。1936年10月随部西渡黄河，艰苦转战河西走廊。红西路军失败后带领千余名伤病员在祁连山坚持游击斗争，后辗转找到红军援西军，任该部政治部教育科科长。

全民族抗日战争爆发后，任八路军第一二九师政治部组织股股长兼骑兵团政治处主任、政治部组织部部长。1938年调任冀南东进纵队政治委员兼第五支队政治委员，率部参加冀南区反"扫荡"。次年5月，复任第一二九师政治部组织部部长。1940年赴延安，先后入军政学院和中共中央党校学习。1944年2月任陕甘宁晋绥联防军新编第四旅政治委员，在爷台山反击战中与旅长王近山率部担任主攻，会同三五八旅等部为粉碎国民党军企图控制爷台山进而夺取关中，保卫陕甘宁边区做出重要贡献。

第六纵队"诉苦三查"[①]激发了战斗热情，全体指战员紧急动员起来，开展了群众性的练兵活动。纵队统一由陈海涵参谋长负责，举办了营以上干部的军事指挥训练班，着重研究了国民党军"胡、马"军队作战的特点，进行战斗指挥演练。各旅、团都办了爆破、射击、攻城爬梯的训练队；集中特种兵的训练，每种机枪、每门炮都培养了两名射手，并以团为单

---

① 诉苦三查：诉苦，即诉旧社会和反动派给予劳动人民之苦；三查，即查阶级、查工作、查斗志。是1947年12月至1948年2月间，第一野战军开展新式整军运动中所采用的基本方法。

位，组织班长集训，普及爆破技术。

1948年1月28日，西北野战军在驻地米脂吕家沟召开高级干部会议后，罗元发和徐立清连夜返回吴堡枣林坪驻地，立即召开团以上干部会议，部署第六纵队攻打宜川城的战斗任务。以教导旅主力从得里梁、牛家源东侧向凤翅山进攻，并派一个团进至郭家湾、枣卜台，配合第三纵队独五旅阻击可能从洛川赶来增援的敌人，新四旅主力从甘谷沟、岔口台线向凤翅山右翼进攻，控制凤翅山这个有利地形，宜川守敌第二十四旅的张汉初，将成为瓮中之鳖。任务下达后，各部队即按预定的计划连夜向延长进发，并组织战役侦察，等待进攻的命令。

29日，罗元发接到彭德怀电报："此战胜利，即将收复延安。"罗元发立即派作战参谋马志和等到前沿阵地上向全体指战员传达这一命令。此时，西北野战军主力已迅速地完成对敌二十九军的包围，一纵独一旅三团于瓦子街全歼了敌整编九十师的搜索排，切断了刘戡的触须，接着，又在片石歼灭敌人一个连，切断了敌军的后路，三五八旅也攻占了瓦子街东南高地，堵住了敌人南逃的退路。敌九十师师长严明慌忙指挥敌五十三旅向教导旅第二团猛烈攻击，均被第二团指战员打退了。敌军两个团再次向教导旅第二团一营固守的几个山头冲击，并攻占了一个山头，发现第二团阵地上火力减弱，便狂叫着"捉活的呀！"蜂拥而来。危急时刻，指战员们从战壕里跳出来，端起刺刀和敌人拼杀，又一次把敌人赶下了山头阵地。英勇无畏的教导旅第二团指战员连续打退了敌人20多次冲锋，罗元发当即命令新四旅第七七一团出击，协同第二团猛烈冲击夺回了阵地。下午，西北野战军第二纵从枣卜台插了进来，到黄昏前，敌二十九军被西北野战军完全压缩在乔儿沟、任家湾、丁家湾附近只有几平方公里的狭小地带。夜幕降临，雪也逐渐停了，敌军一片混乱，一些士兵在西北野战军政治攻势下纷纷投诚缴械。深夜，西北野战军甘泗淇主任来到六纵指挥所，传达了彭德怀决定提前于次日拂晓发起总攻的命令，并来到前沿阵地慰问指战员。

3月1日拂晓，3发红色信号弹划破黎明的天空。西北野战军六纵新四旅七七一团主攻，教导旅二、三团向敌军侧翼迂回，战士们跃出战壕猛烈出击，公路南侧山梁上的敌六十一旅一八一团守军企图死命顽抗。第七七一团指战员在火力掩护下，端着刺刀冲入敌阵拼杀，敌人组织了一批敢死队反扑过来，教导旅第三团及时冲杀上来增援，大部分敌人被歼灭，剩下的残敌见势不妙也举手投降了。13时许，西北野战军从四面八方逼近，敌军顽抗的防线终于被突破了。此时，敌六十一旅大部被歼，只剩下敌九十师师部和二十九军军部还没有被摧毁。新四旅七七一团二营连长魏书庆先带着一个尖刀排直插敌人心脏，抢夺了敌人的一挺机枪对着敌群猛烈地扫射，一口气追击残敌到黄龙山阵地，发现这里是敌人炮兵阵地，便灵机一动，一边继续向敌人发起冲锋，一面向敌人喊话："蒋军官兵们，再不要为胡宗南卖命了，掉转枪口吧。我们欢迎你们参加人民解放军，争取为人民立功！"接着，几个解放战士①也喊话："你们不要怕，我们也是解放过来的，解放军是穷人的队伍，掉转炮口打老蒋啊！"在军事打击和政治攻势下，敌人纷纷投降，并掉转炮口向敌群开火，敌六十一旅被压缩在李家畔、丁家湾和小白家庄的山沟里。黄昏，敌整编二十九军参谋长被俘，刘戡在仓皇逃生途中用手榴弹自炸身死，第九十师师长严明被七七一团的轻机枪扫射毙命……

2日，西北野战军第三纵队由小北门攻城，六纵教导旅一团和新四旅十六团乘机从南面和西南面向凤翅山发起攻击。在旅炮兵营的火力支援下，突击部队越过战壕被一道峭壁挡住了，教导旅工兵连用连续爆破的办法炸开

---

① 解放战士：是指在作战中被解放军俘虏，从而加入解放军的国民党军士兵。这部分战士是当初解放军兵员的重要来源，特别是炮兵、通讯兵等技术兵种的骨干力量大部分是"解放战士"和"起义战士"。

了口子，一团一营三连冲入敌阵，遭遇敌军碉堡交叉火力的扫射被迫退下来。二连连长胡青山当即带领2个班冲到外壕时，他的通讯员和4个战士负伤倒下了，他向敌堡射击孔投进了两枚手榴弹，随着爆炸声敌人的机枪哑巴了，他便抓过旁边战士的一支枪爬过外壕接近了敌堡。恰在这时，凤翅山上的敌炮兵向他开炮了，胡青山急中生智纵身跳进敌堡，忽然看见在靠门后的墙脚下有一个伪装了的洞口，他警惕地喊道："快出来！不出来我扔手榴弹了！"洞里敌人嚷嚷着："我们出来，我们出来。"于是，小炮、机枪、步枪从地洞里递出来了，敌兵也一个挨一个地爬出来，做了解放军的俘虏。

3日拂晓，西北野战军三纵在炮火支援下从小北门再次突入城内，敌二十四旅旅长张汉初走投无路束手就擒，敌旅、团指挥所全都瘫痪了。8时许，三纵新四旅十六团和教导旅一团的战旗插上了凤翅山顶，迎风招展。当日，中共中央电贺西北野战军取得宜瓦大捷，勉励全军指战员为解放大西北英勇战斗。

7日，毛泽东主席以人民解放军总部发言人名义发表重要谈话《评西北大捷兼论解放军的新式整军运动》，盛赞宜瓦大捷改变了西北的形势，并将影响整个中原的形势。10日，边区各界隆重举行万人祝捷大会，向毛泽东主席和前线将士发出致敬电。

宜瓦大捷，全歼国民党军胡宗南集团主力整编第二十九军军部、整编第二十七、九十师及整编第七十六师二十四旅，共计5个整编旅、2.94万人，缴获大批军用物资。宜瓦战役中，敌军中将军长刘戡自杀身亡，击毙中将师长严明及整编第三十一旅少将旅长周由之、第四十七旅少将旅长李达、第五十三旅少将副旅长韩指针，俘获整编第二十九军少将参谋长刘振世、整编第二十七师少将副师长李奇亨、整编第九十师少将参谋长曾文思、整编第二十四旅少将旅长张汉初。这一战役的胜利，粉碎了胡宗南阻击西北野战军南进的企图，改变了西北形势，打开了西北野战军南进之门户，为继续发展外线进攻作战，消灭胡宗南集团有生力量创造了有利条件。

血战屯子镇

1948 年 4 月 12 日，西北野战军集结于枸邑（今旬邑县）的马栏、转角、耀县的照金、庙湾地区，准备发起西府、陇东战役，相机夺取胡宗南集团的补给基地宝鸡。

16 日，西北野战军各纵队按预定计划，分 3 路攻击前进。右路第六纵队新四旅先头部队第七七一团首先攻克太峪镇，全歼伪自卫队和乡公所 130 余人；第十六团也于当天攻克职田镇，俘敌 60 余人。

18 日，第七七一团包围了世店镇，守敌百余名缴械投降。

20 日，新四旅乘胜向陕、甘两省交界处的长武县进攻。

21 日，守敌 180 余人全部被歼灭。

22 日，教导旅解放了灵台。至此，第六纵队胜利完成了野战军司令部交给的截断西兰公路①、消灭泾河一带反动地方武装的任务，保证了主力南进时右侧的安全。在此同时，西北野战军中路大军和左路军，也连克邻县、永寿、扶风、凤翔等城，并收复了延安，完全截断了西安通往宝鸡的铁路运输线，使宝鸡暴露在西北野战军面前。为了防御从西安前来增援的胡宗南部，野战军司令部于 4 月 22 日下令：新四旅率七七一团、十六团南下进到凤翔一带，准备担任抗击任务，纵队部率教导旅及新四旅三团仍留在长武、邻县一带，主要任务是准备抗击可能来援的国民党军"青马"第八十二师。

23 日 10 时左右，新四旅第二团在长武以北的二十里铺遭遇"青马"2 个团敌人采用骑兵集团冲锋进攻，给予迎头痛击，击毙 200 多敌骑兵。狡

---

① 西兰公路：全称西安兰州公路，建于 1934 年，1935 年竣工。东起西安，西至兰州，全长 719 公里。在抗日战争中作为西北国际补给运输干线发挥了重要作用。20 世纪 80 年代，国家建设南北、东西大动脉，西兰公路并入 312 国道。

猾的敌人于是改变进攻方式,采用侧面迂回方式,罗元发当即命令教导旅陈海涵旅长指挥第二团撤回长武城内。17 时,敌人占领了长武西关,双方形成对峙。

24 日下午,侦察员又发现了长武以北的甜水堡有敌人约 2 个团的兵力,显然是"青马"第八十二师的骑八旅和步兵一〇〇旅赶来了。罗元发将此情况报告野战军司令部,当即调整了部署,放弃长武县城,撤至长武东南之冉店桥一带抗击,命令第二团在正面扼守大桥,部署第一团在右翼的地方。

25 日上午,敌人占领长武县城以后,开始向冉店桥阵地猛烈攻击,野战军司令部来电指示:对敌第八十二师给以必要的抗击,不坚决死守某一阵地,也不轻易放弃一个阵地。教导旅第二团指战员英勇抗击敌人,敌军从正面攻击始终未能得逞。黄昏前,在数架敌机不断地低空扫射的配合下,地面敌人从第一、二团之间的结合部突破一个缺口,眼看就要冲到纵队和旅的指挥所跟前,二团团长王季龙指挥部队坚决抗击敌人,派警卫员跑步通知纵队和旅部转移。此时,敌人骑兵已经冲击到纵队指挥部前,第二团五连指导员王世才及时带领 8 名战士掩护纵队指挥机关撤退,打退了敌人的数次进攻,8 名战士全部壮烈牺牲了,王世才也身负重伤,在敌人围来时拉响最后一颗手榴弹和敌人同归于尽。疯狂的敌人仍继续发起冲击,危急时刻教导旅副参谋长谢正洁带领旅直侦察连抢占了冉店桥东北高地,顽强抗击着嗷嗷乱叫的敌军一次次冲锋。天黑以后,第六纵队司令部和直属机关,以及教导旅主力转移到亭口以南的安化沟一带,摆脱了敌人。

26 日,六纵继续在安化沟一线阻击,罗元发命令第一团在粽子坡组织抗击,第二团布防于一团以南几华里的张家坡。上午,敌军在 5 架飞机的掩护下,骑兵和步兵相配合,向粽子坡的第一团二营阵地进攻,以少数步兵于正面佯动,骑兵从两翼迂回过来,趁机突破了正面防线,第二营被迫从西面跳下深沟转移。16时许,"青马"部突破第二团阵地,指战员一面顽强阻击敌人,一面有序向西撤退,战斗中,第二团一营机炮连长陈志悌身负重伤掩护部队撤退,半截肠子掉在外面,还在坚持战斗……入夜,部队撤至金家桥一带,罗元发在附近小山村建立了纵队临时指挥所。

27日凌晨,西北野战军司令部发来电报说攻下宝鸡,全歼守敌,敌整编七十六师中将师长徐保负重伤被俘后毙命,野战军缴获甚多。第六纵也奉命摆脱"青马"第八十二师,向西南方向开进,与主力靠拢。行军途中,新四旅向第六纵队报告情况:胡宗南得知宝鸡失守,急从河南调回第六十五师,连同原来在陕西境内的第一、三十、三十六、三十八师,共计11个师,由裴昌会率领突破第四纵队防御阵地之后,当日向凤翔以东的三十里铺运动,遭到新四旅坚决的抗击。野战军一、二纵在宝鸡虢镇地区陷于侧水侧敌,国民党政权宝鸡警备司令刘进带第一一四旅残部在宝鸡失守前一天退过渭河相峙。

28日,新四旅第十六团二营,在营长杨怀年率领下于北凤凰头与敌人逐个山头地顽强抗击,子弹打光了,就拼手榴弹。终因寡不敌众,于16时转移至柳林镇一带。

29日,第十六团一、三营据守文山上村头,第七七一团副团长李凤友率部于张家店一线阻击。面对敌人疯狂进攻,新四旅指战员与敌展开激战,数次击退敌人的进攻后,第十六团副团长刘光汉带一个营和一部电台担负掩护任务,主力奉命转至麻夫镇。

六纵经过3天英勇抗击,迟滞了敌人的前进,掩护野战军主力安全撤出宝鸡向北转移后,奉命向北转移。野战军总部考虑到教导旅的损失情况,命令六纵率该旅进至甘肃镇原县以东15公里的屯子镇休整待命。

5月4日11时,六纵队机关和教导旅到达屯子镇附近,"青马"第八十二师尾随而来,教导旅二团在屯子镇北、一团在东、三团在西立即构筑工事抗击敌人。14时许,罗元发接到屯子镇北面和东面同时发现敌人骑兵的报告，急忙登上城墙，只见东面镇原方向开过来约2个团的骑兵，后面还跟着黑压压的一片步兵，正朝北面和东面赶来。此时，六纵机关和教导旅已远离野司主力30多公里，而新四旅还在十几公里以外，罗元发立即派通讯员找程悦长旅长并用军号调新四旅迅速赶上来，并将这一险情报告西北野战军司令部。彭德怀来电，要罗元发坚守阵地，吸引敌人，为主力赶到后全歼第八十二师创造条件。罗元发立刻把教导旅的同志找来，分析了当前的态势，最后决定：以屯子镇为阵地，固守待援，同时，令新四旅立即向纵队靠拢。陈海涵旅长当机立断下令收缩兵力，构筑工事，加强防御力量，又将第二团全部调进屯子镇内。罗元发部署完毕还没来得及喘口气，敌军开始从东、西方向发起进攻了。防守东关的第一团二营，由于在张家坡抗击敌人减员较大，开战不一会儿营长赵庆思中弹牺牲，教导员汪培模头部也负了伤，副营长阎德山带领指战员英勇抗击，在第一、三营的密切配合下，二营指战员浴血奋战，坚守阵地。敌军向东攻击没能突破，便掉头从北面进攻，在一片平坦的麦田里，敌人数次集团冲锋都被第二团指战员的排子枪和手榴弹击溃，丢下200余具尸体。疯狂的敌人在炮兵的配合下，对第二团一营发起了猛烈的攻击。指战员利用学校为依托，抗击着数倍的敌军，副教导员刘瑞带领战士们固守在前沿，不时还向攻近的敌军反冲锋，头部负伤倒在了阵地上。此时，位于第二团一营北面的教导旅第三团也被敌人隔断了，处境更加困难。电台联系不到西北野战军司令部，情况反映不出去，得不到上级的指示，也听不到新四旅的消息，罗元发同徐立清、张贤约、饶正锡等紧急研究决定，由张贤约副司令员带两名同志，另派纵队侦察科长王正臣分别趁敌人西面的包围圈尚未合拢时突围出去，向彭德怀司令员报告情况，请求指示。

黄昏后，敌军的攻势渐渐地减弱了。

夜幕降临了，敌军也停止了进攻。这时，忽然从西南面传来一阵响亮的号声，罗元发当即令纵队司号长联系上了前来增援的新四旅。

——从十几公里以外跑步赶来的新四旅指战员，连夜向屯子镇西边的敌人发起攻击，由于情况不了解、地形不熟悉、准备不充分，没有打通通往屯子镇西关学校的通道，未能解救教导旅突围，但新四旅与教导旅第三团密切配合，牵制敌人，大大地减轻了西面的威胁。激战中，第十六团政委常祥考、一营教导员列宾、二营教导员史晋昌冲锋中英勇牺牲，把一腔热血洒在了屯子镇……

5日凌晨，六纵终于与西北野战军司令部的电台联系上了，张贤约也见到了彭德怀并汇报了六纵的情况，王正臣详细地报告了六纵司令部和教导旅被围困在屯子镇的经过和那里的地理位置后，彭德怀司令员顾不上吃一口警卫员端来的馍馍，便飞身上马，直奔前沿阵地。一路上，敌机不断地在彭德怀头顶上俯冲扫射，一阵阵尘烟沙雾在他身旁腾起，王正臣和警卫员好几次硬把彭德怀拉到路边崖边下隐蔽，但彭德怀不顾自己安危拿着望远镜朝着屯子镇看完地形后，下令六纵设法突围。整整一天，新四旅不断从西面发起攻击，抢占了一部分阵地。然而，敌人的后续部队不断增加，拼命进行反扑，反复拉锯。守卫在东关的第一团二营被敌人从三面合围，全营剩下不足百人，大部固守在城墙附近和骡马大车店里，情况十分紧急，王季龙团长当即让教导队投入战斗，加强第二营的右翼，以控制屯子镇南面的沟沿。敌军从北面数次进攻失败后，不断向镇子里发射迫击炮弹，第二团政治处主任赵明月中弹牺牲，教导旅政委关盛志负伤。经过几天的抗击，指战员子弹几乎打光了，罗元发命令纵队机关凡能上战场的都充实到战斗第一线，指战员把砖头、石块搜集起来搬上围墙，准备做最后的决战。屯子镇无水，镇外的水源又被敌军的交叉火力封锁，派出去找水的战士都负伤或是牺牲了，只好用老百姓仅有的一些醋，润一润干渴的嗓子。在这弹尽粮绝的危急时刻，教导旅第三团在新四旅的掩护下，趁黄昏混乱之机，冒着猛烈的炮火冲进了屯子镇，加强了防御力量，也得到了部分弹药补充。

6日清晨，"青马"倾巢而来，敌第八十二、一〇〇师已集结于屯子镇东、西、北三面，企图在屯子镇一口吞掉六纵，配合胡宗南部与西北野战军主力决战。罗元发接到彭德怀要求六纵和教导旅自行突围的命令，此时胡宗南大兵团主力尾追，西北野战军主力也开始转移北上。敌军围堵了屯子镇的东、西、北三面，南面沟深坡陡，敌人只用火力封锁就可堵截围歼六纵和教导旅。几天来，不善夜战的"青马"昼打夜停，罗元发发现敌军这一情况后，当即决定教导旅第二团在南面，纵队和旅直部队在中间，第一团由南下沟与另一部从东面分别于 22 时突围。入夜，新四旅为了迷惑敌人、掩护教导旅突围，在西面采取了直接佯攻，吸引了敌人的火力，罗元发率部按预定计划迅速行动，大家依次用绳索吊到沟底，隐蔽转移。

7 日 4 时许，六纵与教导旅全部转移到了屯子镇东边的塬上。拂晓前，最后撤退的第一、二团也翻沟上塬了。六纵和教导旅尾随一纵向东前进，为了保证野战军侧翼的安全，新四旅在肖金镇至南庄李家一线担负了阻击任务。8 时，"青马"两个旅的兵力与新四旅遭遇，第十六、七七一团在公路两侧予以坚决阻击，新四旅工事未构筑好，敌人即用炮火猛烈向第十六团阵地轰击，并组织一个团的步、骑兵向第十六团猛攻数次。团长袁学凯、二营长杨怀年和战士们一起扛着轻重机枪，在拥满敌人的村道上来回扫射冲杀，给敌人以重大杀伤，致敌四散溃逃。16 时，新四旅奉命向荔镇方向转移，第七七一团前卫连发现敌人骑兵，即向左前方，第十六团向右前方冲出去，将敌人骑兵击溃，杀出了一条路突围。17 时，部队在前面的崾岘遭遇大约两个旅的敌人，敌人组织密集队形，分成三面包围向新四旅猛冲过来，新四旅陷于三面都是深沟的狭小地带，旅长程悦长、政委黄振棠组织部队数次反冲锋，均未奏效。第七七一团政委张世功集合党员大声喊："不怕死的共产党员跟我来！"带头冲向敌群，虽大量杀伤了敌人，但终因地势狭窄，部队拥挤展不开，不能突出重围。新四旅指战员只得再下深沟，利用夜色掩护分散转移……

12 日，第六纵队会同西北野战军主力回到关中马栏、转角解放区。

第二章　铁流西进

　　1949 年初，西北野战军改编为第一野战军，6 月，十八、十九兵团编入后和西北军区部队的总兵力达 41 万余人，其中野战部队由原来的 15 万余人增加到 35.9 万余人，从此，彻底改变了西北战场上与国民党军的兵力对比。第一野战军发动了春季攻势①、陕中战役②，粉碎了国民党军胡宗南和青、宁"二马"的联合反扑，歼灭了国民党军的大批有生力量后，抓紧时间进行军事训练，筹备粮食，各部队掀起了练兵的热潮，大大提高了部队的军政素质。

　　7 月 10 日至 14 日，根据毛泽东主席电示精神及当前敌情，第一野战军实施"钳马打胡，先胡后马"作战方针的扶眉战役③，在陕西扶风、眉

---

　　① 春季攻势。从 1949 年 2 月 19 日开始，第一野战军历时 30 多天，经过渭河以北、泾河以东、洛河以西广阔地域连续与国民党军胡宗南部和马步芳部（亦称青马）作战，解放并巩固了大荔、朝邑等地区，一度解放了淳化、富平、铜川、耀县、蒲城等县城及广大地区，扩大了解放军的政治影响，为以后作战和发动群众建立政权，打下了较好的基础。

　　② 陕中战役：1949 年 5 月中旬至 6 月中旬，第一野战军为解放陕中地区而进行的一次较大规模的追击战役。此役共歼灭国民党军胡宗南部及青海马步芳、宁夏马鸿逵集团各一部共 3.5 万余人，解放了西安及关中广大地区，为解放大西北奠定了基础。

　　③ 扶眉战役：1949 年 7 月 11 日拂晓，第一野战军第二兵团，由国民党军胡宗南部与青、宁"二马"部之间的空隙以秘密隐蔽急行军迂回到敌侧后；第十八兵团，沿陇海铁路和咸阳至凤翔公路，由东而西直插敌纵深；第一兵团，以渭河南岸沿长安至益门公路及秦岭北麓向西钳击敌人。第一野战军以迅雷不及掩耳之势，突然发起全线猛烈攻击，胡宗南部队猝不及防，被团团包围，陷入绝境。激战两昼夜，胡宗南除部分残敌越秦岭溃逃外，第一野战军歼敌 4 个军，43000 余人，解放县城 8 座，取得了空前的大胜利。

县地区对国民党军西安绥靖公署胡宗南集团和西北军政长官公署马步芳、马鸿逵集团及陇南兵团进行一次大规模围歼。参战各部队密切协同合力作战，粉碎了国民党军"胡、马"联盟，解决了制约西北战场的瓶颈问题，打开了人民解放军解放大西北的战略通道，也打开了进军甘肃的大门，第一野战军开始向兰州进军。

第六纵队改编为第六军

1949 年元旦，新华社发表了毛泽东主席亲自撰写的新年献词，发出"将革命进行到底"的号召，极大地鼓舞了全国人民的革命斗志。

1 月中旬到下旬，西北野战军第一次党代表会议在白水县的武庄召开。这次党代会在野战军前委和彭德怀、联防军司令员贺龙等的主持下召开，主要是贯彻 1948 年 9 月中央政治局扩大会议精神，总结一年来的工作，确定 1949 年的任务，进一步加强城市工作和组织纪律，准备夺取新的更大胜利。

从 1948 年 9 月到 1 月 31 日，历时 142 天，人民解放军共歼灭国民党军 154 万人的辽沈、淮海、平津三大战役胜利结束，国内形势已发生了根本性变化。中国人民解放军总兵力已经由 280 万人发展到 358 万多人，其中野战军已经由 149 万人发展到 218 万多人，并建立了强大的炮兵、铁道、工程等特种兵团。东北全境、华北大部分及长江中下游的江北广大地区均被解放，解放区基本上连成一片，广大解放区拥有全国 30% 多的土地、50% 多的人口、县以上城市的 38%，人民解放军不但士气高昂，装备也大为改善，从数量上也从长期以来的劣势转变为优势。各战略区人民解放军依据中央军委的指示，同国民党军进行了大规模的战略决战，全国各战场解放军取得了一次又一次的胜利，从根本上动摇了国民党反动派的统治，为夺取解放战争的彻底胜利，建立新中国奠定了坚实的基础。

2月1日，根据中央军委《关于统一全军组织及部队番号的规定》和《关于各野战军按番号顺序排列》决定，西北野战军改编为中国人民解放军第一野战军，彭德怀任司令员兼政治委员，张宗逊、赵寿山任副司令员，阎揆要任参谋长，甘泗淇任政治部主任，王政柱、李夫克任副参谋长，张德生任政治部副主任，刘景范任后勤部司令员，方仲如任后勤部副司令员，下辖原第一、二、三、四、六、七、八7个纵队，按顺序号改为7个军和1个直属骑兵师，共15.5万多人，其中第七军和第八军分别留在山西和绥远作战。同时，陕甘宁晋绥联防军区改称为西北军区，贺龙任司令员，习仲勋任政委，王维舟任副司令员，张经武任参谋长，李卓然任政治部主任。西北军区的成立和部队的统一改编，使第一野战军在正规化建设方面迈开了新的一步。

西北野战军第六纵队改称中国人民解放军第六军，罗元发任军长，徐立清任政治委员，张贤约任副军长，唐子奇任参谋长，全军共1.4万余人，隶属第一野战军。教导旅改称第十六师，吴宗先任师长，关盛志任政治委员；新编第四旅改称第十七师，程悦长任师长，黄振棠任政治委员（同年6月，由晋南运城军分区机关和部队组建的第十八师列入第六军建制，师长张树芝，政委景明远）。

身经百战的罗元发，战斗中是身先士卒的表率，在红军时期就有出色的战绩。保卫苏区的高虎垴阻击战4天激战中，他头部负重伤仍继续指挥战斗。

全民族抗战爆发后，罗元发任八路军第一一五师独立团政治处主任，平型关战斗[①]中，参与指挥所部在灵丘以北和以东地区顽强阻击日军增

---

① 平型关大捷：1937年9月25日，八路军在平型关为了配合第二战区的友军作战，阻挡日军攻势，由一一五师师长林彪、副师长聂荣臻指挥，充分发挥近战和山地战的特长，与日本号称"钢军"的板垣征四郎第五师团第二十一旅团一部及辎重车队浴血死拼，歼灭日军1000余人，取得胜利，有力配合了第二战区正面战场的防御作战，迟滞了日军的战略进攻，打乱了敌人沿平绥铁路右翼迂回华北的计划。

援，出色完成任务，为此战大捷做出贡献。后任独立第一师一团政治委员、师政治部主任。1938 年起任晋察冀军区第一军分区政治部主任、政治委员兼政治部主任，雁北支队政治委员兼中共雁北地委书记，采取巩固一线根据地，坚持二线作战场，不断打击消灭敌人的小部队，消耗敌人有生力量，支持三线斗争的策略，对于巩固雁北抗日根据地起到了重要作用。罗元发先后率部转战察南、保北、平西、雁北广大地区，参加了著名的黄土岭战斗和百团大战，与杨成武司令员一起指挥在雁宿崖击毙石村大佐、在黄土岭击毙阿部规秀中将等日军 1550 余人的歼灭战……

链　接
高虎垴阻击战

1934 年 8 月 5 日凌晨，国民党军集中 9 个师兵力，在飞机和地面炮火的掩护下，向广昌县驿前以北地区发起了进攻。敌军向红十三团高虎垴主阵地发起猛烈进攻，转向罗元发和白志文指挥的红十五团左翼阵地扑来，接近红十五团一营三连阵地只有 30 多米遭到红军迎头痛击。不甘心失败的国民党军组织了一次又一次的强大冲击，红十五团英勇抗击，始终坚守阵地，但部队伤亡也在增大。坚持到了第三天黄昏时，罗元发和白志文接到军团命令，要红十五团立即接替原来由红四、五师的全部防御阵地。罗元发和白志文奉命调整部署：团长白志文率三营坚守鹅形阵地，政委罗元发率一营坚守高虎垴并接替红十三团在高虎垴的阵地，参谋长何德全率二营接替红四师阵地。第二天拂晓，国民党军第八十九师全线向红十五团阵地发起集团冲锋，重点向高虎垴攻击，罗元发率一营沉着应战，采取灵活机动的战术，贴近敌军近战和肉搏战，让国民党军的炮火使不上劲。红十五团又整整坚守了 3 天，白志文头部负伤，至 8 月 13 日，敌军最后一次冲锋被打退后，被迫退出战斗。8 月 27 日，红十五团指战员奉命转移到万年亭以南的黄土寨、小松市一线，继续阻击国民党军……

担任第六军军长后，罗元发遵照野战军司令部的指示，全军进行整训，指战员进一步提高了执行毛泽东主席军事思想的自觉性，战术、技术水平有了很大提高，为解放大西北做好了思想和战术、技术上的准备。

2月19日至3月22日，为了打乱胡宗南集团的计划，第一野战军及时发动春季攻势作战，集中优势兵力在陕西中部、渭河以北以及泾河、洛河之间对其发动进攻，先后歼灭胡宗南集团第七十六军二十师、第十四师四十团、第八十四师一五二团第一营，共计6900余人（不含地方部队），打乱了胡宗南的退却部署，有力策应了其他解放区的作战，为之后的作战和发动群众、建立政权打下了基础。

4月1日，中央军委作出了向全国进军的部署，要求第一野战军进军大西北，歼灭国民党军胡宗南部与青、宁"二马"。

19日，中共第一野战军前委在澄城县平城召开了第六次扩大会议，传达中共七届二中全会精神，各部队逐级传达了会议精神。会后，学习了解放军约法八章和城市政策十五条等文件，掀起了以攻坚、巷战为重点的

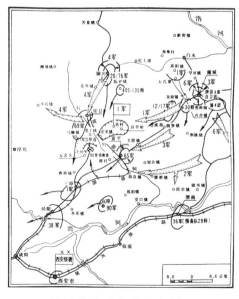
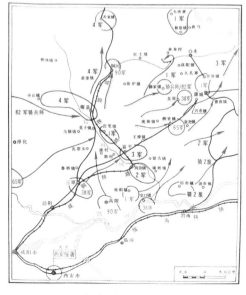

1949年春季战役示意图一　　　　1949年春季战役示意图二

练兵高潮，使部队的政策水平和军事素质有了进一步提高。

21 日，中国人民革命军事委员会主席毛泽东、中国人民解放军总司令朱德命令人民解放军："奋勇前进，坚决、彻底、干净、全部地歼灭中国境内一切敢于抵抗的国民党反动派，解放全国人民。"命令发出后，中国人民解放军开始了向全国的大进军。此时，国民党处于日暮途穷的境地，但西北战场胡宗南集团仍有 13 个军 33 个师，约 17 万兵力，这些兵力正依照国民党的撤退计划，一面做撤退准备，一面进行新的部署。胡宗南一方面将主力部队开始向西南撤退，以圆蒋介石的残梦；另一方面与青、宁"二马"集团积极配合，以陕中、陇东为防御重点，目的在于确保西北、屏障西南。

陕中作战率先攻占西安城

1949 年 5 月 11 日，第一野战军司令员兼政治委员彭德怀为打乱胡宗南集团的撤退计划，决心乘机进军陕中。其部署是：以第一军向临平镇、岐山之间，第二军向咸阳、武功，第六军向西安攻击前进；第四军向乾县及其以西地区攻击前进，并作右翼警戒，准备打击青、宁"二马"集团的增援；第三军为预备队。

14 日，胡宗南军主力经宝鸡，一部经佛坪、东江口、镇柞三路向秦岭一线撤退，准备退汉中入四川。15 日，第一野战军各部队在副司令员张宗逊、赵寿山指挥下开始进军陕中。17 日，第一野战军司令部在富平谢村召集师以上干部会议，决定抓住胡宗南部继续撤退的有利时机，追歼其主力，解放西安。

17 日，天还未亮，胡宗南在六谷庄绥署招待所召开紧急疏散会议，要留守西安的杨德亮不惜一切代价，利用修建的工事和第一野战军开展巷战，等待他的反扑。当晚，罗元发突然接到通知，要求到第一野战军司令部参加师以上干部紧急会议,与六军其他领导同志来到野司驻地杨村。会议开始后,第一野战军副司令员张宗逊开门见山地说:"告诉大家一个重要情况,胡宗南要向汉中逃跑了,所以我们开个紧急短会,根据党中央、毛泽东主席和彭总的指示精神,迅速调整一下我军部署。"他指着墙上一幅大地图说:"敌人的主力6个军已陆续撤到咸阳、乾县、礼泉、永寿地区,胡宗南决定从宝鸡沿川陕公路①入汉中,准备等待时机,联合'二马'反扑关中;假如失败了就经四川撤到云南。因此,我们必须抓紧这一有利时机向西追击歼敌主力,同时解放西安。经研究决定,一、二、四军立即出发向西截击敌人,六军向西安挺进,三军为预备队。"张副司令员最后问道:"罗元发同志,把解放西安任务交给你们军,有困难吗?"

罗元发坚定地回答说:"坚决完成任务。"

第一野战军政治部甘泗淇主任补充说:"有一个问题很重要,希望你们特别注意,就是要认真执行城市政策。军队不但是个战斗队,而且是个工作队。"

会议结束后,罗元发一行赶回军部驻地澄城,立即开会研究战斗部署。为了不失时机掌握敌情,派军部侦察科长王正臣带领军侦察部队和第十六、十七师的侦察部队连夜出发,首先查明咸阳敌人在渭河两岸的兵力和防御部署,选择好渡河地点,利用夜间渡过河,向大王镇、户县方向侦察前进,保障大军渡河后右翼的安全;第十六、十七师在18日12点以前做好一切战斗准备,18日14时出发向咸阳地区挺进,第十六师攻咸阳以东机场,十七师攻咸阳以西五陵,各部队务必于19日拂晓前到达指定地点。进军西安的命令传达以后,第六军上下一片欢腾,各部队争分夺秒地进行战斗准备,开展了英勇杀敌立功竞赛活动。

---

① 川陕公路:1934年10月国民政府开工建设,1936年6月通车,由成都平原通往西安的公路,途经大巴山,跨越秦岭,直达汉中。

18 日晚，第六军十七师四十九、五十团急行军 50 多公里到达咸阳近郊，王正臣率领的先头侦察部队已配合第二军等兄弟部队在咸阳东面的新庄、阎家堡全歼敌九十军五十三师一五九团及骑二旅四团一部，俘虏敌人 1200 多人，扫除了进攻咸阳的障碍。遭受打击的咸阳守敌惊恐万状，急忙撤到渭河以南，并拖走了北岸所有船只，炸毁了咸阳大桥，妄图凭借渭河天堑，阻止解放大军渡河。

19 日，罗元发和徐立清奉令到第一野战军司令部驻地平城参加前委扩大会议后，立即赶回部队，并迅速在第六军传达中共中央七届二中全会①精神。当日午后，第六军各部队按照区分的任务到达渭河北岸，第十六师集结在咸阳东北的李家、羊角寨、新庄一线；第十七师集结在咸阳以南的五陵、大寨里、石村一带，抓紧时机，准备抢渡渭河。渭河是西安西北部天然屏障，咸阳大桥是通向西安的重要孔道，在解放大军占领咸阳后，敌人撤到渭河东南面又构筑了大批防御工事，配备了炮兵，拉走了船只，炸毁了大桥，孤注一掷进行阻击。当日午夜，为了确保抢渡一举成功，第六军召集各师主要干部察看了预定偷渡河段河水深度、河道地形、敌人部署和敌阵地火力配备情况，并下达了作战命令。第六军掩护渡河的炮兵，在夜幕笼罩下悄悄进入阵地，突然，敌人阵地上飞起几颗照明弹，把河道照得通明，紧接着敌人猛烈的炮弹在河水中炸开，飞起一股股水柱。第十七师

---

① 中共中央七届二中全会：1949 年 3 月 5 日至 13 日，中国共产党在河北省平山县西柏坡村召开了七届二中全会，毛泽东主席主持了会议并作了报告。报告提出了促进革命迅速取得全国胜利和组织这个胜利的各项方针，说明了在全国胜利局面下，党的工作重心必须由乡村转移到城市；规定了党在全国胜利以后，在政治、经济、外交方面应当采取的基本政策，以及中国由农业国转变为工业国，由新民主主义社会转变为社会主义社会的总的任务和主要途径；着重分析了当时中国各种经济成分的状况和党所必须采取的正确政策，在思想上和政治上为中国共产党在全国的胜利做好了充分准备。全会号召全党必须警惕骄傲自满情绪，必须警惕资产阶级"糖衣炮弹"的进攻，继续保持谦虚、谨慎、不骄、不躁和艰苦奋斗的作风。

师长程悦长向罗元发电话报告说："第四十九团刚刚进到河心，就被敌人发现了，处境十分危险。"罗元发当机立断把偷渡改为强渡，命令各师集中一切火力，掩护渡河部队。霎时，第六军炮兵开火了，一排排炮弹腾空而起飞向对岸，隆隆的炮声在敌人阵地上发出天崩地裂的声响，各种轻重火器遮天盖地压向敌人，先头渡河部队乘机迅速前进，突击队员加快了徒涉步伐。"只能前进，不能后退。渡过渭河就是胜利！"战士们互相鼓舞着，搀扶着边还击边向东岸冲去，胜利地渡过渭河，攻占了敌人阵地。与此同时，第十六师四十七团也在大桥北侧抢渡成功，占领了预定目标沙梁林。

20日3时，第十七师五十团向桥头守敌发起攻击，马宏勋、刘永白、高文英等战士，手提冲锋枪，腰里挂着几颗手雷，沿着桥梁向敌人冲去。到了被敌人炸毁的地方，他们毫不犹豫地从一丈多高处跳入激流中，游向对岸。碰巧岸边是一道陡峭的悬崖，他们叠起人梯，爬上峭壁，用手雷炸毁了一个敌堡，歼灭了敌人一个班。当他们冲进另一个敌人掩体工事时，发现了敌人一个炮排，便端着冲锋枪冲了过去，高喊"缴枪不杀！"。敌人被这突如其来的打击吓坏了，敌排长与全排士兵缴械投降。这时抢渡过河的第四十七、四十九团已进到守桥敌人两侧，第四十九团四连连长魏书庆带着30名战士组成的突击队最先登上东岸，插入敌阵纵深，配合主力歼灭了敌四十八旅一个营；第四十六团二连九班班长贺文年带领全班担任连的前哨搜索任务，冲到敌人一个营指挥所，俘虏敌营、连军官13名，缴获轻、重机枪各1挺，手枪、步枪14支。

黎明时分，第六军向守敌发起总攻，全歼河防守敌整编第二旅六团，完成了抢渡渭河的任务。第十六、十七师各部队争先恐后追击残敌，第四十九团经禹王堡、好汉庙，首先逼近西关，第四十六团穿过铁路直插城南门，第四十八团在第四十六团配合下占领了敌飞机场，敌军地勤人员和警戒人员全部做了俘虏，中共西安党组织代表王超北等同志及时赶到机场，报告转达了一个紧急情况：胡宗南逃跑前已拟订了一个破坏计划，今天敌人派了工兵排要炸毁发电厂和一些重要工厂。罗元发得知情况后，当即命令第四十六团派一个营跑步赶到电厂，不惜一切代价保护电厂安全，同时通知各部队注意和地下党取得联系，如遇到敌人破坏活动，应坚决予以打击，彻底粉碎敌人的破坏阴谋。第十七师五十团渡过渭河后，迅速攻下三桥镇，发现铁路上停着一列火车，一位姓王的老司机听说解放军要进军西安，自告奋勇为解放军开车。刘光汉团长听后即命令第二、三营上了火车，将枪炮架在车厢顶上，火车一声长鸣驶出了车站，风驰电掣般向西安开去。路上遇到从渭河南岸溃退的一股残敌，战士们迅速跳下火车冲杀过去，很快歼灭了这股敌人。火车继续向前飞奔，直达西安车站。这时，车站上有几百名敌军士兵正在抢运物资，第五十团向敌人发起猛烈攻击，占领了车站，接着又夺下北门，部队沿着大街冲到市中心鼓楼，正好和从西门攻入的第四十九团会合。防守城楼的敌西安自卫总队看到解放军到了，急忙报告副总队长闵继骞。闵继骞是中共党组织安插的人，他下令自卫队停止抵抗，维持好秩序，听候改编。第六军先进部队便迅速进入市区，第四十六团二营在营长王维殿带领下跑步赶到电厂，全歼敌人工兵排，缴获了大量黄色炸药，挫败了敌人企图炸毁电厂的阴谋。

14时，第六军军部进入城内，古都西安终于回到了人民手中。各族人民群众有的高举小红旗，有的手捧茶水，拥立在街道两旁，欢迎解放军。当晚，彭德怀司令员获悉第六军胜利解放西安，非常高兴，来电对第六军指战员予以嘉勉。不久，罗元发、徐立清和第一野战军司令部接通了电话，并奉命组建西安城防司令部，由罗元发兼任西安市警备司令，负责维持城市治安，同时密切注意逃入南山敌人的动向。第一野战军司令部在电话中转达彭德怀司令员的指示说，胡宗南现在后悔得很，感到跑得太快，丢了西安吃了大亏，据报告胡宗南正积极准备反扑西安，假若胡、马军联合反攻西安，野战军主力即将从外围给敌人来个反包围，六军要加强西安防御能力，特别要注意胡宗南的动向，加强侦察警戒，掌握敌情，加强部队训练，准备配合野战军主力内外夹攻，横扫敌军于关中平原。罗元发接完电话，当即在止园召开第六军团以上干部会，制定了尽快恢复城市秩序，维护社会治安的具体措施，会后发布了城防司令部的一号通令，并决定举行一次隆重的入城式，以鼓舞全体军民的斗志。

21日上午，阳光灿烂，春风和煦。解放军入城式开始，第六军指战员在南门外集合，组成三路纵队，迈着整齐的步伐，高唱着《三大纪律八项注意》歌曲，雄赳赳、气昂昂地从南门循序而入，然后转向东门。几十万西安人民纷纷涌上街头，敲锣打鼓，高呼口号，热烈欢迎人民解放军进城。入城式结束后，部队文工团、宣传队又走上街头，宣传演出，书写标语，宣讲中国共产党的政策，散发《晋绥日报》和《解放日报》及"城市政策十五条"，稳定了市民情绪，使广大人民群众对共产党的城市政策有了进一步认识。

第六军指战员进入西安以后，自觉遵守城市政策和部队纪律，对人民群众秋毫无犯，大多数连队宁可露宿街头，也不擅自进入民房。第五十团二营抢渡渭河后，不少战士赤脚追击敌人，脚掌都磨出了血泡，当他们攻进火车站时，正好车站上堆着几堆鞋子，可是战士们宁可赤脚战斗，没有一个人去拿鞋穿。在人民群众的大力支持下，在西安中共党组织的密切配合下，第六军在"军管会"尚未成立之前，恢复了城市新秩序，发电厂送了电，面粉厂磨了面，商店照常营业，学校照常开课，剧院照常演戏，全市所有澡堂也全部开业。

24日，成立西安市军管会，由贺龙任主任，贾拓夫、赵寿山、甘泗淇任副主任。

25日，西安市人民政府成立，第六军指战员即主动将缴获敌人的一切物资、汽车等全部移交过去。贺龙赞扬六军不仅是一支能打硬仗的部队，而且是一支非常遵守纪律的部队。

陕中战役解放了西安以及陕西省中部广大地区，尤其是西安的解放，在政治上影响很大，不仅对西北敌军士气是一个沉重打击，而且极大鼓舞了第一野战军指战员，得到了参加下一步大兵团作战所需物资及运输的保障，对于进军甘肃、宁夏、青海，彻底歼灭青、宁"二马"，解决西北问题，创造了极为有利的条件。

粉碎"胡、马"联合反扑

1949 年 6 月 1 日，第一野战军已经全部占领陕西虢镇以东、渭河南北的广大地区，国民党军胡宗南部主力已败退撤至宝鸡和秦岭山区。青、宁"二马"处境十分孤立，不久才代理西北军政长官的马步芳，预感到唇亡齿寒的悲惨情景，为拉住胡宗南部，以所属陇东兵团①和陇南兵团②以及第十一、一二八军等部组成援陕兵团③，扬言要"挽救危机，确保西北"。两兵团进驻平凉地区，由马继援任总指挥，联合胡宗南部第十八兵团等部，共计 9 个军 30 多个师，向第一野战军实施反突击，企图重占西安、咸阳，阻止解放军前进。

---

① 陇东兵团：解放战争初期，由马步芳率领的青海所部在进攻陕甘宁边区的时候，曾一度使用过青海兵团的称呼，但当时并不是正式的军队建制。直到 1949 年 5 月，马步芳出任国民党西北军政长官公署代理长官，国民党方面才正式将马步芳所属部队组编为了青海兵团，又被称为陇东兵团，下辖第八十二军、第一二九军、新编步兵军、新编骑兵军 4 个军，是马步芳的嫡系部队，司令官是马继援。

② 陇南兵团：1949 年 5 月，由甘肃一些保安部队组成的国民党第一一九军和另一个师组成陇南兵团，在军长王治岐的率领下，赶赴宝鸡驻防，统一由胡宗南指挥。

③ 援陕兵团：1949 年 5 月，根据享堂会议商定，马鸿逵将宁夏所部第一二八军及 2 个骑兵团、2 个炮兵营约 4 万人组成援陕兵团，由马敦静任司令，卢忠良为总指挥，开往甘肃平凉一带驻防。

第一野战军司令员兼政治委员彭德怀结束太原战役①后，由太原回到陕西乾县秦家庄野战军司令部，发现马步芳、马鸿逵有联合胡宗南进行反扑的企图，征尘未洗的彭德怀司令员为掩护改隶第一野战军建制的第十八、十九兵团入陕集结，然后集中兵力与国民党军胡宗南部及青、宁"二马"部决战，第一野战军主力采取节节抗击，逐步后撤的战法，迟滞胡宗南部和"二马"部的联合进攻，并指示第十八兵团用火车运送两个师兵力至灵石下车，从潼关渡河，接替第六军西安卫戍任务，以便第六军向宝鸡集中。彭德怀、张宗逊、赵寿山致电中央军委："青海马步芳、宁夏马鸿逵两军不少于8万人，集结灵台、长武、泾川地区，甘肃陇南兵团约2万人，集结陇县；胡宗南第十八兵团集结宝鸡，第三、六十九、十七军似仍驻秦岭山地，第一军具体位置不明。如我军攻宝鸡时，宁青陕三军有攻我侧背的可能。为使俘虏及北平拨来之补训师补入部队，拟暂时休整待机歼敌。华北各兵团来到关中前，除特别有利外，暂不向敌进攻。如敌向我反扑，拟于咸阳、兴平、礼泉、长安地区各个歼敌。"为不失时机地歼灭敌人，粉碎"胡、马"联合反扑的图谋，彭德怀司令员再次致电第十八兵团司令员兼政治委员周士第等，命令第六十一军之一个师于6月6日、7日赶到潼关，车运西安接防。

3日，第十八兵团第六十一军遵照彭德怀司令员的电令，令各师不顾疲劳，不避风雨，兼程前进，并限第一八二师务必于6日前到达风陵渡。

---

① 太原战役：中国人民解放军华北军区部队和第一、四野战军各一部对国民党军坚固设防的山西省太原市进行的攻坚战。1948年7月晋中战役以后，解放军华北野战军第一兵团及晋绥军区第七纵队、晋中军区3个独立旅共8万余人乘胜进逼太原。12月4日，占领城南和东山各要地，歼敌5万余人。为了避免因攻下太原迫使北平、天津之敌感到孤立逃跑，遂缓攻太原，转入围城休整。1949年4月20日对太原发起总攻，22日全部肃清周围据点，24日攻破城池，仅4个多小时全歼守敌。此役共歼敌124000余人，俘敌太原防守司令王靖国、太原绥署副主任孙楚等，结束了阎锡山在山西近40年的反动统治。

调归第一野战军的华北第十九兵团在司令员杨得志、政治委员李志民、副司令员葛晏春、副司令员兼参谋长耿飚、政治部主任潘自力的指挥下，开始向陕西进军，日行40～50公里，干部战士忍受各种艰难困苦，大部分指战员的脚上打了血泡。第六十一军先头部队赶到了西安，按照原定计划把部队分成四路，都打着第十八兵团的番号，第六军先在西门、南门、北门和东门欢迎"华北兵团"。老百姓在沿途到处设置了茶水站，军管会和城防司令部都派人去迎接。

7日，周士第司令员兼政治委员率第十八兵团开始经风陵渡过黄河入陕。

9日拂晓，第十八兵团先头部队第一八二师抵达西安，第六军指战员再次进行了热烈欢迎。10时许，第一野战军司令部决定留下第六军新组建的第十八师和十八兵团两个师守备西安，第十六、十七师在礼泉、赵村镇以北地区集结，加紧战斗准备。为了摸清敌情，罗元发立即指示侦察科长王正臣组织侦察人员，深入敌区活动，弄清进军路线沿途的敌人守备情况。傍晚，第十六师四十六团侦察连连长李福亭抓回来17个俘虏——原来李福亭和团侦察参谋刘福祥带着一个侦察排化装成敌军，在西兰公路旁和敌人一个前哨排遭遇，将敌人包围在一个村子里。刘福祥带领几个战士冲进院内，被敌人的子弹打中，光荣牺牲了，战士们满腔怒火冲上去，消灭了院子里的敌人，活捉了屋内17个敌军，其中有一个作战参谋。

从6月上旬开始，国民党"胡、马"联军开始向第一野战军阵地进行试探性攻击。马鸿逵部援陕兵团分两路向兴平、咸阳前进，第一路由马光宗率领取道长武、彬县、永丰，沿西兰公路推进，第二路由卢忠良率领取道灵台、崔木镇、沿公路左侧推进；马步芳部的青海兵团沿泾河左岸向咸阳前进。为配合青宁"二马"作战，国民党军胡宗南部第一一九、三十八、六十五军在渭河以北，第九十军在渭河以南，分别由武功、周至推进，三路国民党军20多万人直向咸阳扑来。面对国民党军"胡、马"联合反扑，第一野战军第二兵团司令员许光达指挥第三、四、六军进行了顽强抗击后，按预定计划转移。

12日4时，第十八兵团第六十一军一八一师赶到咸阳，全师指战员不顾疲劳，随即进入阵地。

13日13时许，国民党军第一九〇师师长马振武的先头部队到达咸阳坡头，紧接着各路进攻之敌均以整营以上兵力，居高临下连续向第六十一军一八一师阵地猛烈进攻，坚守中五台的第五四二团八连英勇顽强，打退了敌军的7次冲锋，杀伤敌人200余人，稳住了阵地。坚守控制在西兰公路一号阵地的第一八一师五四三团一连，9次陷于敌军的四面围攻，子弹用尽，而仅以9枚手榴弹打退了敌人的进攻。17时，马继援率所部第八十二军第一九〇、一四八师、骑兵第八旅组成的陇东兵团主力刚到咸阳城郊，开始以集团式冲锋猛攻咸阳城垣，遭到第一野战军第二兵团第三、四、六军的顽强抗击，被阻于咸阳以北。罗元发所率第六军在礼泉县五家堡和马继援的第八十二军遭遇，指战员们同仇敌忾，斗志激昂，在友军配合下，激战一整天，毙俘敌二十四师师长韩有禄以下2000余人。22时，青马第八十二军在遭受严重损失后迫近咸阳城下，马步芳急令在礼泉的第一〇〇师星夜行军赶往咸阳参战，胡宗南命令其部队在周至、户县地区停止前进，以视马继援第八十二军攻打咸阳战斗情况再决定部队进退，宁夏兵团马鸿逵部在乾县、礼泉一带按兵不动，使马继援陷入了孤军作战。第一野战军第二兵团三、四、六军阻击敌军于咸阳以北，以炽烈的炮火还击，配合第十八兵团六十一军经过13小时激战，毙伤国民党军2000余人，奔袭泾阳的国民党军第二四八师骑兵团也被第一野战军第四军击退，遭到严重杀伤。在此形势下，马继援所率陇东兵团慌忙向礼泉、乾县以北撤退。此时，在渭水以南，胡宗南部第三十六军于6月12日孤军冒进至眉县金渠镇地区，被第一野战军第二军包围，第三十六军一六五师大部被解

链　接
张贤约

　　1912 年 2 月 15 日生，安徽省金寨县人。1929 年 10 月参加中国工农红军，1931 年 3 月加入中国共产党。先后任红四军十二师三十六团警卫排长、十一师三十一团连政治指导员，参加了鄂豫皖苏区历次反"围剿"和黄安、苏家埠、潢光等战役。1932 年 10 月参加开辟川陕苏区的斗争，先后任红四军第十一师三十一团营政治委员，红四军交通队队长、第十二师三十四团团长等职。1935 年 3 月参加嘉陵江战役后随军长征，曾三次艰苦跋涉茫茫草地。1936 年 4 月升任红四军第十二师师长，率部参加了山城堡战役。

　　全民族抗日战争爆发后，任八路军第一二九师教导团团长，受命率百余名连排干部从山西和顺出发到太行山地区发展革命武装开辟抗日根据地。次年 4 月任晋冀豫军区第三军分区司令员，参加了晋东南反"九路围攻"等战役。1939 年 9 月任一二九师干部轮训大队大队长，后调任延安军政学院第三队队长。1944 年 3 月后任陕甘宁晋绥联防军新编四旅副旅长兼参谋长、旅长。

　　解放战争时期，任西北野战军第六纵队副司令员，第六军副军长、政治委员，参加了延安保卫战、沙家店、宜川、扶眉等战役。

　　放军歼灭，少将师长孙铁英以下 2200 人被俘。其后，遭受重创的胡宗南部第六十五、三十八军及第三十六军残部与第九十、一一九军分别沿渭河南岸、北岸小心向东推进。

　　14 日，根据第一野战军前委的建议，中央军委批准以第一、二、七军编成第一兵团，任命王震为第一兵团司令员兼政治委员，孙志远任政治部主任；以第三、四、六军编成第二兵团，许光达任第二兵团司令员，王世泰任政治委员，徐立清任副政治委员兼政治部主任，张贤约接任第六军政治委员。此时国民党军胡宗南部第六十五、三十八、三十六军残部沿渭河南岸，第九十军沿渭河以北之陇海铁路①，陇南兵团沿咸宝公路三路平行东进，受到第一野战军第二军的节节抗击；窜至西安附近王曲、灞桥的国民党军第三、十七、六十九军残部被第一野战军十八兵团击退。

15日，国民党军骑兵第十四旅在唐王陵、淳华一带遭解放军严重打击，国民党军宁夏兵团也退守常宁、长武、永寿和崔木镇地区。胡宗南所部到达周至县终南镇、兴平县马嵬坡一线，因获悉青、宁"二马"在咸阳遭到第一野战军重创而向北败逃，不敢再进。在此期间，胡宗南部第三、十七、六十九军等残部曾从秦岭各山口窜出，企图进袭西安，均被第一野战军击退，逃回秦岭山中。

19日晚，面对敌军四路进攻的严峻形势，中共中央西北局、第一野战军前委在西安建国公园联合召开紧急会议，分析了敌我双方力量，确定坚守西安，吸引敌人，待第十九兵团到来时歼敌于西安附近。随着第十八兵团3个军、第七军、第一军三师、第三军八师陆续到达三原地区，第十九兵团已渡过黄河进至韩城、芝川地区，并向三原、富平地区开进，"胡、马"敌军闻讯后即停止进攻，开始后撤。第一野战军再次收复了礼泉、乾县、兴平、周至诸县，国民党军受到有力打击，被俘24699人，起义1824人，投诚1720人。

26日，国民党军青、宁"二马"所部退至永寿、崔木镇一线，胡宗南部退至武功以西。至此，"胡、马"的联合进攻已经被第一野战军被完全打退，国民党军反扑西安的行动彻底失败。

28日，第六军直属队和第十六、十七师离开西安进到堡里和西屯里、园村镇地区集结进行战斗准备。

---

① 陇海铁路：指从江苏省连云港市的海州到甘肃省兰州市铁路的总称，始建于1905年，分段修建，历经艰难。1945年12月，宝（鸡）天（水）段通车后，直到中华人民共和国成立后开建天（水）兰（州）段，1952年建成，1953年7月兰州通车运营。这是中国东西交通大动脉，途经徐州、郑州、西安、宝鸡、天水至兰州，共长1759公里。

　　29日，彭德怀、张宗逊、赵寿山根据敌军调动情况，就歼敌部署再次致电第一野战军各兵团，指出胡宗南暂无放弃宝鸡企图，且有诱第一野战军主力出击，青宁"二马"军乘机反扑，攻击第一野战军侧背迹象。于是，命令第一野战军第二兵团进至礼泉及其以东，第十八兵团主力进至兴平、咸阳一线，第一兵团仍在户县及其以西，第七军在户县渭河北岸，第十九兵团之第六十五军集结王桥、石桥地区，如果"二马"继续向彬县、长武撤退时即按原定计划围歼国民党军李振、王治岐8个师于武功、扶风、眉县、周至地区，否则等待第十九兵团集结后再行进攻。第一野战军各兵团迅速完成集结后，严阵以待，随时准备投入战斗。

扶眉穿插勇歼顽敌

　　7月1日，第一野战军4个兵团会合后，彭德怀司令员全面分析了西北战场上国民党军与第一野战军双方的优劣条件，并从军事指挥、战术、火力组织等方面向全体指战员提出了明确要求，号召全体指战员紧急行动起来，发扬人民军队的光荣传统，充分准备，团结一致，实施"钳马打胡"的作战方针，进行扶眉战役。

　　6日，第一野战军前委扩大会议在咸阳召开，彭德怀司令员在会上部署了扶眉战役的作战方针。

　　8日，第二兵团司令员许光达来到第六军检查战前准备工作时强调说："按野司的部署，各部队必须在7月10日到达战斗地点，我们兵团的任务是从西北面截住敌人，全力歼灭胡宗南的第六十一军。第六军从青化镇方向直插敌人腰部，分割歼灭敌人，决心要大，动作要快；坚决插入敌后，各级指挥员要善于捕捉战机，独立作战，要发扬革命英雄主义精神，有情况及时向兵团司令部报告。"根据兵团首长的指示，第六军及时下达了战斗动员令,向全军指战员讲清采用钳马打胡,四面包围,分割歼敌,粉碎胡马"口袋阵"的作战方针和夺取这一胜利的重大意义。

第六军政委张贤约,抗日战争时期曾以出色的政治思想工作著称,他曾率领"贤约支队"挺进敌后,威震冀豫边区。他和饶正锡副政委专门到部队作政治动员,政治部专门编写了战役动员材料,号召全军指战员发扬革命英雄主义精神,敢于刺刀见红,坚决打好这一仗,全歼胡宗南主力,向大西北进军。动员会上要求全体政工人员"人人开口、个个鼓动、提高士气、瓦解敌军",炮兵战士"弹不虚发、百发百中",侦察人员"胆大机智、准确及时报告情况",通讯人员"迅速准确完成通讯联络任务",医护人员"发扬英勇精神、救护负伤同志",炊事员"做好饭菜、烧好开水、及时送到前线",后勤人员"保证弹药粮草供应",担架人员"英勇抢救伤员、保证不丢一个",并要求全体共产党员"冲锋在前、处处做表率,保证完成上级赋予的战斗任务"。

9日上午,罗元发来到第十六师四十六团二营五连,参加指战员军人大会。有个年轻的班长王耀群站起来激动地说:"胡蛮子(胡宗南)干尽了坏事,他现在是秋后的蚂蚱,蹦不了多高啦。这次战斗,我们一定要发扬不怕苦、不怕累、不怕死的精神,坚决消灭胡宗南,为受苦受难的老百姓报仇!"并高举起右手宣誓似的说:"天热、路远都算不了什么,我是共产党员,要争取为解放西北人民杀敌立功……"

罗元发赞许地点了点头,激动地说:"我们有这样好的战士,再加上人民群众的支援,我们就会无坚不摧,无往不胜!"

10日19时,第六军十六、十七师从堡里、赵村镇出发,以急行军经王乐镇以北的杨寨村向西挺进,担任前卫任务的第十六师四十六团前进到杨寨村时,巧遇抗日战争时期曾担任过教导一旅旅长的杨得志司令员率领第十九兵团路过这里。他高兴地在村头一棵大树下接见了第四十六团连以上干部,并手指隆隆向西开去的炮兵部队高声说:"我知道你们在西府屯子镇

链　接
贤约支队

全民族抗战爆发后，中国工农红军主力改编为八路军，张贤约任八路军第一二九师教导团团长，于 1937 年 9 月 30 日奉命率教导团随第一二九师由陕西富平出发，开赴华北抗日前线。1938 年 2 月 10 日，第一二九师以教导团 2 个连为基础，成立先遣支队（俗称贤约支队），张贤约为司令员、张南生为政委。贤约支队从山西和顺出发，挺进冀豫边区开辟抗日根据地。此时的冀豫边区，国民党军溃败后的散兵游勇横行乡里，反动会道门和土匪武装趁机争夺地盘，地主乡绅纷纷拉起武装维护自身利益。贤约支队进驻邢台以西 20 余公里的西黄村镇，展开以抗日为中心的各项工作，在争取群众站稳脚跟后，张贤约、张南生派出官兵宣传抗日，收编各路武装，将西黄村最大的胡震武装 100 余人编为支队一大队。1938 年 4 月，八路军晋冀豫军区第三军分区，张贤约兼司令员，张南生兼政委，贤约支队或配合主力作战，或与地方群众抗日武装配合，采取麻雀战、破袭战、地雷战等多种战法，打炮楼、炸火车、拆铁路，肃清敌伪据点，粉碎敌伪一次次"清乡"和"扫荡"，巩固和扩大了冀西抗日根据地。

受了点敌军的气，这一次，我要用大炮给你们报仇，出气！"第四十六团干部对老旅长的关心十分感激，报以热烈掌声，齐声回答："我们一定打好这一仗，报答老首长的关怀。"

夜色降临了，一弯新月挂在天空。渭河两岸，第一野战军千军万马正在悄然而又隐蔽地向西进击。午夜，第六军在尹家堡、南凹里一带悄悄渡过了漆河，尾随第四军向青化镇扑去。为了保证兄弟部队左翼安全，罗元发命令第十六师派一个营由宋林以北向麟游大路警戒，主力即由仙姑寺、成马沟向敌发起攻击，第十七师经临平以东地区向小营、崔泉之敌进攻。经过 12 小时急行军，走了 50 多公里到达午镇，第六军指战员来不及休息即投入战斗，由青化镇向高王寺方向攻击，直插敌人心脏，切断敌人退路。

　　11日清晨，第一野战军前卫部队第四军尖刀团攻占了益店镇，全歼守敌，完成了从西面包围敌人的任务，第一、十八兵团也在南线包围了敌人，切断了敌军南逃的路线。敌人做梦也没有想到解放军来得这样快，当第六军十七师四十九团尖刀连插到敌人一个指挥所，用敌军口令回话时，敌哨兵还喃喃地说："我说嘛，共产党还在西安呢，就是长了翅膀，他也飞不到这里来嘛。"此时，第一野战军突然从四面发起猛烈攻击时，敌军纷纷溃散。第六军和兄弟部队乘势插入敌军纵深后，分割包围了一股股敌军，使敌人军与军、师与师、团与团，甚至营连之间的联系均被切断，彻底打破了"口袋阵"，敌军一片混乱，兵找不到官，官找不到兵。当解放军在炮火掩护下向敌军指挥部发起猛攻时，敌前线指挥官李振西、王治岐等便纷纷丢下部队各自逃命去了。

　　12日13时，第六军十六师四十六团在成马沟包围了胡宗南第五十五师一六五团，敌人凭借有利地形拼命抵抗，罗少伟团长率领战士们猛打猛冲，歼灭敌军2个营，另一个营敌人从空隙中逃出包围圈。罗元发立即命令第十六师迅速组织部队追击，务必全歼敌人。第四十六团经龙蹄沟、老君庵攻占了放马源，全歼守敌。在追击逃敌时，二营五连五班班长王耀群带着全班8个战士攻入敌群，和主力部队失去了联系。王耀群深知远离大

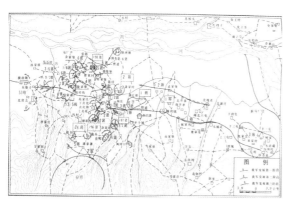

扶眉战役示意图一

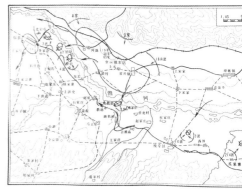

扶眉战役示意图二

部队，孤军深入，处境危险，但他毫不退缩，继续追歼敌人。有 3 个战士负了重伤，王耀群把伤员安置好，将剩下的战士分成两组，自己带着战士李少春、孙志国为第一组，共产党员金东生带着另一个战士李志东为第二组，冲入敌人阵地，堵住了逃敌退路。王耀群 3 人在敌群中冲击，冲到敌人背后封住了一个营敌人的逃路，连续打退了敌人 3 次冲锋后，他们利用有利地形，从午后坚持战斗到黄昏，直到大部队上来，敌人投降了。

与此同时，第六军十七师主力已经打到敌人心脏的高王寺，在指战员猛烈攻击下，敌人四散逃走，各部队即分别对溃逃之敌群进行迂回包围。第五十团四连连长彭振东、指导员王兴华带领全连迅速冲进混乱的敌群，迎头截住一股 100 多人的敌人，逃敌用机枪作掩护蜂拥而来。彭振东连长带着 12 名战士大喊一声："缴枪不杀！"冲了过去，消灭了冲上来的敌人，迫使剩余的敌人缴械投降。天黑以后，第四连 3 个排冲击到敌人军部附近，经过激烈战斗，歼灭大批敌人。到第二天清晨，第四连共俘虏敌人 270 名，缴获轻机枪 22 挺、重机枪 3 挺。第四十九团奉命攻取相国寺，第二营担任突击任务，敌人凭借有利地形和密集炮火的掩护负隅顽抗，第二营几次攻击均未得手。第十七师师长程悦长和第四十九团团长聂凤彦、政委张世功亲自到前沿观察地形，命令部队采取正面佯攻、背后冲击的办法消灭敌人。担任冲击任务的第四连连长张庭贵带着部队向侧翼运动时负伤，部队伤亡很大，全连只剩下 22 人时，他便命令战友作掩护，亲自带着突击班从侧面攻入敌阵，并坚守阵地，先后打退敌人 8 次反冲锋，配合主力全歼敌人一个营。

13 日 14 时，第六军与兄弟部队密切协同，共同战斗，将敌主力第六十五、九十、三十八军和第一一九军压缩到罗局镇以东的渭河滩上。

20 时，彭德怀向第一野战军发布了总攻令，随着红色信号弹升上天空，第一野战军集中数百门火炮一齐射向敌阵，在敌群中升起朵朵烟云。炮轰之后，第一野战军各部队发起猛攻，第六军十六、十七师并肩战斗，和兄弟部队一起全歼了渭河北岸的敌人。此时，第十八兵团从武功、扶风之间的杏树镇地区发起攻击，全歼敌第一八七师及第二四七、二四四师一部，收复了武功，进至罗局镇东南地区和第二兵团胜利会合；第一兵团在哑柏镇、横渠镇以南全歼守敌第九十军二十四师及第六十一师一部，紧接着又攻占了蔡家坡、岐山、宝鸡附近地区。21时，战斗胜利结束。

扶眉战役从1949年7月10日开始至14日结束，前后仅5天，第一野战军歼敌1个兵团部、4个军、8个整编师另3个整团，共4.4万余人。这次战役的胜利，不仅使退居汉中的胡宗南集团失去了北线屏障，从此一蹶不振，而且彻底粉碎了"胡、马"多年形成的反共联盟体系，也打开了第一野战军进军甘肃的大门。

第三章　陇原追击

扶眉战役后，在西北战场上第一野战军兵力与国民党军相比从此成为绝对优势，第一野战军司令部向各兵团发出在平凉地区消灭青、宁"二马"的预定作战部署，并发出关于向甘肃进军中对新区群众宣传工作的指示，解放大军即挥师向西，展开千里陇原大追击。

国民党军马步芳、马鸿逵军事集团慑于第一野战军强大攻势，放弃在平凉与第一野战军决战的企图，改为各保其家，节节抗击。第一野战军势如破竹，相继取得了固关战斗①、任山河战斗②的胜利，敌人逃到哪里，就追到哪里。国民党政府在广州召集马步芳、马鸿逵、胡宗南参加的"西北联防会议"，策划与第一野战军在兰州决战。马步芳妄图凭险据守，吸引第一野战军主力深入兰州城下，而后马鸿逵部、胡宗南部夹击围歼于兰州外围，借此

---

① 固关战斗：陇县的固关是通往甘肃的咽喉要道，1949 年 7 月 28 日，国民党军马步芳集团为了阻止人民解放军西进，调集其子马继援的 8 个骑兵团于固关、关山岭、马麓一带，另外在庄浪、静宁、隆德等县集结了 5 个步兵师增援固关。当日凌晨 2 时，第一野战军第一军一师在第七军三十师的配合下，攻克马步芳"精锐铁骑"第十四旅 3000 多人扼守的固关，全歼守敌，缴获战马 800 余匹和大量的武器装备，砸开了通向西北的大门。

② 任山河战斗：1949 年 7 月底，"宁马"第十一军在任山河一带抢筑正面 5 公里、纵深 15 公里的野战防御工事，妄图在此阻止第一野战军的攻势，守住"宁夏门户"。8 月 1 日，第一野战军第六十四军主力进至任山河地区时，遇到敌十一军一六八师的阻截，经过 6 小时激战，将敌防御体系全部摧毁，经过两昼夜激战，毙伤敌军 1450 名、俘虏 1345 名，缴获迫击炮 28 门、轻重机枪 108 挺、步枪和冲锋枪 1349 支、战马 121 匹以及大批物资。

达成固守西北、屏障西南、保存实力的目的，进而为国民党反动派卷土重来提供战略配合。

"二马"分裂　平凉会战流产

第一野战军取得扶眉战役胜利后，在西北战场上与国民党军兵力相比成为绝对优势。为进军西北政治、经济、军事重镇——兰州，歼灭青、宁"二马"和解放大西北奠定了胜利的基础。

7月16日，毛泽东主席复电彭德怀、张宗逊，完全同意彭德怀等于14日申时电所提的作战计划，指出"这个计划可以对付两马速撤、缓撤、短撤、长撤几种情况，故是很好的"。次日，《群众日报》发表《祝前线大捷》的社论，指出西北战场大会战的第一个回合，人民解放军已经取得完全胜利，敲响了胡、马残匪最后的丧钟，迎来了西北即将解放的新图景。

19日，根据毛泽东主席的指示和马步芳、马鸿逵部的新动向，第一野战军开始"钳胡打马"战役部署。扶眉战役后"二马"撤至平凉、陇东，形成第一野战军西进的有利形势。野司于宝鸡虢镇附近的文广村召开了军以上干部会议，传达了党中央、毛泽东主席的重要指示，讨论下一步作战部署，提出了平凉战役的作战计划。会议认为"二马"退守陇东，胡宗南已无力进攻关中，西北雨季即将来临，下一个战役行动应尽量提前。为此，会议决定：以第十八兵团（欠第六十二军）钳制胡宗南部于秦岭，以第一、二、十九兵团和第六十二军共10个军的兵力分三路向平凉进军追击"二马"，力争歼其主力于平凉地区。具体部署是第十九兵团及陇东分区为右路，沿西兰公路西进；以第二兵团并指挥第六十二军为中路，沿千阳、陇县大道前进；以第一兵团为左路，与中路平行北上，取陇县后抵天水。这样部署的根据是：当时"二马"退居陇东后对胡宗南仍然抱有幻想，对第一野战军实力估计不足，有凭借有利地形决战之企图，因此，"二马"集中 6 个军于固原、西峰、泾川、平凉、安口窑、陇县一线，第一野战军有可能与之决战于平凉以东。彭德怀司令员考虑到西北地区雨季逼近，陇县南北山高路险，人烟稀少，战役行动应尽量提前。

20 日，彭德怀、张宗逊、赵寿山向各兵团发出在平凉地区消灭青、宁"二马"的预定作战部署，同时致电毛泽东主席说在扶眉战役中，胡宗南损失兵力共 5 万人以上，现在马步芳、马鸿逵部各 3 个军退守平凉、泾川、陇县地区，配备相当分散，有各个歼击可能，第一野战军以 10 个军，准备 26 日开始攻击，年内解放甘、宁、青三省全部，准备今年冬天入四川，明年春夏入新疆。

21 日，第一野战军政治部发出关于向甘肃进军中对新区群众宣传工作的指示，第一野战军将要进军甘肃，执行歼灭青海马步芳、宁夏马鸿逵、扫荡国民党军残余武装的任务，为了很好地完成这一任务，必须争取新区广大回汉群众来支援战争，要求全军指战员所到之处，必须大力开展动员群众的工作，广泛宣扬全国革命胜利的形势和人民解放军的强大力量，解释中国共产党的少数民族政策和现行的各项社会政策，特别是要宣传减租政策、负担政策、金融政策等，揭露国民党的一切欺骗宣传，打消群众的顾虑，安定群众情绪，提高群众支援战争的积极性。刚刚和兄

第一野战军干部向各族群众宣传党的政策

弟部队完成了解放八百里秦川的第六军健儿,硝烟仍在,征尘未拂,在罗元发率领下即挥师向西,沿着西兰公路挺进700多公里追歼青马,杀向国民党西北军政长官公署所在地兰州。

第一野战军第十九、一、二兵团先后从乾县、礼泉、凤翔、宝鸡按预定部署出发,挥师西进。第十九兵团出发时由在华北战场上缴获的几十辆坦克和装甲车组成的战车队为先导,沿西兰公路威风凛凛地开路。虽然时值初秋,但陇东高原的气候变化无常,时而狂风大作,时而烈日当空,炎热、缺水、风沙、暴雨、冰雹不断袭击,加上大军所经过区域地广人稀、山大谷深,公路桥梁又遭敌人破坏,给大部队行军造成了不少困难。但这点困难在英雄的第一野战军指战员面前算不了什么,指战员们士气十分高昂,全军上下只有一个心愿,就是早日打下兰州,坚决消灭敌人,迅速解放生活在水深火热之中的兰州和西北各族人民!

24日,第一野战军发起向西追歼青、宁"二马"的陇东追击战。以第十九兵团和骑兵第二师为右路,沿西兰公路及其两侧向泾川攻击前进;以第二兵团并指挥总预备队第十八兵团六十二军为中路,沿千阳、陇县大道前进;以第一兵团为左路,与中路平行北上,先取陇县,直插平凉以西,断

陇东追击战役过程图

敌退路，并准备打击由兰州、固原方向可能增援之敌。当日，第十九兵团六十四军收复彬县，第六十三军收复旬邑。

与此同时，马步芳派西北军政长官公署副长官兼参谋长刘任在静宁召开军事会议，妄图与第一野战军在平凉一线决战。处于绝望之中的国民党过高地估计了"二马"的力量，妄图扭转西北战局，并积极策动"二马"与第一野战军决战于平凉地区。国民党军"二马"集团认为平凉系甘肃、宁夏两地之咽喉，为第一野战军进军西北的必争之地，且关山险要，多深壑峭壁，"二马"又有兰州、银川为后方，供应比较方便，而第一野战军远离后方，供应必定十分困难，胡宗南残部乘机自秦岭配合出击，必将陷第一野战军于首尾难顾的困境。"二马"还妄图在第一野战军进入少数民族地区后，煽动民族矛盾，使第一野战军无法立足，从而被消灭于陇山之中。刘任代表马步芳，在甘肃静宁主持召开了马继援、卢忠良、王治岐、周家彬、黄祖勋等参加的师长以上军官军事会议，制订了《关山会战指导复案计划》（平凉会战计划），准备依托六盘山在平凉地区与第一野战军决战。

——早在1948年5月，马步青和马步芳兄弟便为了瓜分"青马"的兵力闹得不可开交，马鸿逵则借口调停"青马"家事，从兰州坐车赶往西宁探听虚实。马步芳早就有意染指张治中留下的西北军政长官一职，便决定对马鸿逵虚与委蛇，专门到西宁和兰州之间的享堂迎接马鸿逵。在西宁省府礼堂举行的大会上，马鸿逵捧马步芳"年富力强，当挑重担"，甚至明言愿意保举马步芳做西北军政长官。而马步芳则坚称应该由马鸿逵这样的老资格为首，送了"宁马"200匹良种战马，马鸿逵则回报大炮两门。虽然马鸿逵嘴上说愿意保举马步芳，但他转头就借口养病，在兰州为自己接任西北军政长官大造舆论，同时还挖空心思试图挤走张治中留下的甘肃省主席郭寄峤。而马步芳为了谋取西北军政长官宝座，派出亲信马绍武带着黄金走桂系和阎锡山的门路。现在眼看马步芳将夺取西北军政长官大位，马鸿逵只得退而求其次，与马步芳在享堂结成"君子同盟"，企图在大西北负隅顽抗……

马步芳制订的《关山会战复案指导计划》将"宁马"第一二八、八十一军共6个师和骑兵团置于平凉以东作为抗击第一野战军的主力，而以"青马"各部移师六盘山以西做机动防御。显然马步芳的目的在于胜则利益均沾，败则牺牲"宁马"保存自己。因马鸿逵不愿当马步芳的马前卒，率先命令总指挥卢忠良"保存实力，退守宁夏"。由于卢忠良不服从国民党静宁军事会议的决定，把所部由平凉撤回宁夏，宣告了"宁马"与"青马"的彻底分裂，西北局势急转直下，马步芳父子陷于孤军作战的困境，感到所部过于突出，侧翼暴露，遂向兰州节节撤退。面对第一野战军的强大攻势，青、宁"二马"各自为保存实力，节节后撤，使平凉决战计划刚一炮制就归于流产。

27日，根据"二马"放弃平凉决战计划向西撤退的情况，彭德怀等修正作战计划，改一举歼灭青、宁"二马"主力为各个击破，并致电各兵团说明宁夏马鸿逵似背靠固原，青海马步芳背靠兰州，将原计划在平凉与我决战企图改为节节抗击，迟滞我军西进。据此，第一野战军继续执行追击任务，并各个歼灭敌人。第十九兵团继向泾川、平凉攻击前进，占领平凉后向固原方向发展，追歼宁马；第一兵团由陇县经固关镇、马鹿镇向张家川攻击前进，出秦安、天水，准备进占陇西；第二兵团沿张家川向龙山镇、莲花镇攻击前进，得手后准备出通渭。在彭德怀司令员的率领下，第一野战军主力部队浩浩荡荡地向西挺进。

罗元发和张贤约率部挺进兰州途中，为了严格执行党的民族宗教政策，张贤约组织军政治部和各师、团政工干部一路上对部队思想教育不放松，指战员精神饱满，士气高昂。罗元发说："政委，能文能武啊！做好思想政治工作是我们胜利的保证！"说着罗元发提起张贤约当年率部激战鲁家梁子的事来，由衷地称赞说："那一战，你打出了红三十四团的威风！"

张贤约笑了笑,谦虚地说:"全靠战士们英勇顽强,不怕牺牲!"

——1935年3月底,红四方面军为策应中央红军长征北上,发起强渡嘉陵江战役,张贤约率红四军第十二师三十四团1700多人,从苍溪以南的塔子山渡口渡江,支援渡江突击队巩固扩大登陆场,打退左右两翼敌人的多次反扑。接着随红四军主力翻山越岭,激战梓潼城。4月中旬,敌邓锡侯部在飞机的支援下向江油、中坝反攻,张贤约率部赶到江油、中坝中间的鲁家梁子抢修工事,阻击敌人。17日,敌先以飞机、大炮狂轰滥炸,接着以3个团的集团冲锋强攻第三十四团阵地。激战中,一股敌人突破第三十四团与友邻第三十军八十八师阵地的结合部,危急关头,第四军军长许世友立即派军预备队第二十八团协同第三十四团向敌人发起猛烈的反击,激战至傍晚,消灭了突入红军阵地的敌人,又打退敌人多次的疯狂反扑,当敌人溃退时,张贤约又率部穷追猛打,消灭逃敌4个营。18日,红四军第十二师以张贤约的三十四团再度攻克梓潼,消灭守敌正规军1个团部及其所属2个营,另有反动民团800人。21日,张贤约率第三十四团随红四军主力攻克北川城。

后来,在抗日战争中,张贤约任八路军第一二九师教导团团长,开赴华北抗日前线,或配合主力作战,或与地方群众抗日武装配合,采取麻雀战、破袭战、地雷战等多种战法,打炮楼、炸火车、拆铁路,肃清敌伪据点,粉碎敌伪一次次"清乡"和"扫荡",巩固和扩大了冀西抗日根据地……

罗元发与张贤约边说边随部队前进。千里西兰公路上,卷起了冲天的黄尘,两旁雄赳赳的步骑兵和中间隆隆的汽车队、炮车队会集成一股滚滚向前的铁流,锐不可当。来自新老解放区的15万民工和数千辆汽车、马车跟随大军行动,帮助救护伤员和运送各种作战物资。马车拉着粮食,毛驴驮着弹药,民兵们扛着担架,一个个意气风发,要为解放兰州贡献一份力量。

"宁马"退守宁夏,"青马"逃往兰州。中共中央西北局考虑到大兵西进甘肃,地方接管工作刻不容缓,便向中央提出了成立中共甘肃省委、甘肃行署、甘肃军区的意见。7月26日,经中共中央批准,成立了以张德生为书记、孙作宾为副书记的中共甘肃省委,随之批准成立了以王世泰为主任,霍维德、吴鸿宾为副主任的甘肃行署;中央军委也同时批准成立了以王世泰为司令员,张德生为政治委员,徐国珍、任谦为副司令员的甘肃军区。中共中央西北局会同西北军区对甘肃各分区的党政军机关和领导也进行了组建和配备,为解放大军进到哪里,地方工作接管到哪里提供了可靠的组织保证。

第六军解放通渭

青、宁"二马"放弃在平凉与第一野战军决战的企图,改为各保其家,节节抗击,迟滞第一野战军前进的战法。"青马"马继援部西退固关镇、关山岭一带进行顽抗,妄图阻止第一野战军西进,并在甘肃境内的庄浪、静宁和宁夏的隆德等县集结5个步兵师,企图增援固关地区,凭借山险与第一野战军对抗。

7月28日凌晨2时,第一野战军一军一师出发向固关急进,6时进至大豁岘,第三营占领水滩、许家庄以南山地,直插固关以南之敌第一防地,第一营随第二营后跟进,配合炮兵向大豁岘西北支援战斗。战斗打响,逐步升级,由前沿战斗向纵深发展,整个固关战场众炮轰鸣,硝烟弥漫。

第一营向关山东北河滩碉堡阵地攻击,第二营沿南山向固关攻击,第三营进攻固关东南敌之第一道防御阵地。当守敌第十四旅主力从一桥、二桥节节败退到三桥时,解放军第七军第二十师已由咸宜关迂回绕山急行赶到三桥附近的六郎城之东(二桥)、三桥之西的大小炮家沟之上,所有要隘地带均为人民解放军火力所控制。敌人企图突围逃跑，被居高临下的第七军第二十师全歼于关山沟二桥至三桥山麓。固关战斗共计 14 小时，歼灭守敌 3000 多人，活捉了敌第十四旅副旅长马

固关战斗中第一野战军缴获敌军大量战马

继奎（负伤）以下官兵 500 多人，缴获了大量武器和 2000 余匹战马，敌旅长马成贤左臂被炮弹炸断，带少数人钻山林狼狈西逃了。这次战役，为西进解放兰州的第一野战军排除了障碍，扫清了道路。

31 日，第一野战军第十九兵团六十四军在军长曾思玉的率领下，直插彭阳任山河地区，与盘踞在黄峁山一带的马鸿逵部第十一军遭遇，打响了解放宁夏第一仗。经过全军将士的浴血奋战，夺取了任山河战斗的胜利。

8 月 1 日，国民党政府下达了早已许诺马鸿逵任甘肃省主席的命令。马步芳为了让"宁马"集团及时援助兰州决战，也极力缓和矛盾，拉马鸿逵即刻一同飞回兰州上任，两人还多次抱头痛哭，发誓同生死、共患难。但马鸿逵对马步芳还是心存芥蒂，他私下里对其好友说："如果这次回兰州，不送命于共产党，便送命于马步芳。"所以，马鸿逵以回宁夏部署出兵支援兰州为借口，直接飞回宁夏了。兰州战役尚未开始，青、宁"二马"的矛盾便再次暴露出来了。

4 日，彭德怀司令员向第一野战军发布进军兰州歼灭"青马"的命令。

5日，第一野战军政治部发出解放大西北的政治动员令，号召第一野战军指战员乘胜追击，直捣马步芳、马鸿逵巢穴兰州、西宁、宁夏，要求全军勇往直前，努力做到敌人逃到哪里，就追到哪里，不给敌人片刻喘息机会，为干净、全部消灭青、甘、宁三省国民党军、解放整个大西北而战斗。各部队开展文艺宣传，鼓舞士气，指战员们高唱战歌：

前进！前进！

我们是伟大的人民解放军，

英勇追歼敌人。

光荣立功就在今天，

就在今天……

6日，中央军委又电示彭德怀："据一般了解，青马残暴，在其主力未被歼前，对我敌意甚深……故对深入青马老巢寻其主力决战，必须谨慎行事，大意不得。"彭德怀司令员遵照中央军委指示，决心以一部兵力钳制马鸿逵、胡宗南部，集中优势兵力歼灭马步芳部主力于兰州，尔后再聚歼马鸿逵部。具体部署是：以周士第所率第十八兵团之张祖谅、袁子钦的第六十军，韦杰、徐子荣的第六十一军以及王震所率第一兵团彭绍辉、罗贵波的第七军留置宝鸡、天水地区，继续钳制胡宗南部，保障野战军主力左侧与后方的安全；以杨得志、李志民所率第十九兵团曾思玉、王昭的第六十四军进至固原、海原地区，钳制马鸿逵部，保障野战军右侧安全；以王震所率第一兵团部贺炳炎、廖汉生的第一军，郭鹏、王恩茂的第二军，附第十八兵团刘忠、鲁瑞林的第六十二军为左路，由秦安、武山经陇西、渭源、临洮、临夏，尔后北渡黄河夺取西宁，截断兰州守敌的退路，并随时准备参加对兰州之作战；以许光达、王世泰所率第二兵团部黄新廷、朱明第三军，张达志、张仲良的第四军，罗元发、张贤约的第六军为中路，经通渭、马营镇、内官镇和洮沙县向兰州城南、城西攻击前进，如马家军先退西宁，即行追击，协同第一兵团歼灭之；以第十九兵团郑维山、王宗槐的第六十三军，邱蔚、王道邦的第六十五军为右路，沿西兰公路及其以北向兰州城东攻击前进。当日，第一野战军二兵团六军进驻通渭县城，敌伪人员全部逃跑了，旧政权土崩瓦解。当彭德怀司令员率第一野战军总部路经通渭县城，具有光荣革命传统的通渭各界人士自发欢庆解放迎接大军西进，因当时还没有成立地方新政权，罗元发命令第六军留一个营的部队维持社会秩序，组织支前工作。

——通渭县具有光荣革命传统，当年，红二十五军和红一、二、四方面军长征途中先后经过通渭县境，由于分散行军，红军的足迹踏遍了全县23个乡镇百分之八十的村庄，先后在县城、盘龙山、碧玉、上店子、马家营建立了苏维埃政权。1935年8月13日，红二十五军在军长程子华、政委吴焕先、副军长徐海东率领下进入通渭县东部的新景乡；1935年9月26日，陕甘支队（中央红军）进入通渭县西南境内，以急行军经过蒲家山、史家庙、许家坪道、涧滩村到达榜罗镇，29日经过第三铺、温泉到达通渭县城休整，其中左路贴近北城铺、义岗川，右路经过了寺子川；1936年9月3日，红四方面军第三十一军从榜罗镇一带出发分三路向通渭县城挺进，先头部队第九十三师于7日拂晓占领通渭县城，30日，红四方面军主力向通渭挺进，10月5日，红四方面军总部抵达通渭县界；1936年10月12日，红二方面军进入通渭县境，经武山县榆盘镇进入通渭，经过毛家店、榜罗镇，扎营坡儿川和马营一带，贺龙住马营镇大王庙，经过4天休整后，经北城铺、路过义岗川，于17日进入会宁县境内……

第一野战军所部过境通渭，解放大西北，通渭人民从南到北，从东到西掀起了借粮借草、承做军鞋、组织担架队等支前工作的高潮。新政权建立后，与留守部队组织了支前委员会，在20天时间内，培训了百余名青年学生并分配到各区进行筹粮，充分发动群众，通过查田定产、自报公议，确定了借征对象，做到了合理负担。广大群众不分昼夜，风雨无阻地交粮交草；粮秣站的工作人员，不分昼夜地随到随收。据文献记载，解放战争中，通渭人民共支援粮食178.8万公斤、军鞋3.7万多双和一批针线包，有力地支援了兰州战役。

11日，第一野战军第一、二、十九兵团按照原来确定的左、中、右三路迅速向西推进。由于国民党军青、宁"二马"集团放弃平凉决战，迅速逃跑，使第一野战军原计划进行的平凉战役变成陇东追击战。

在20多天的追击中，第一野战军经过连续行军作战，前进千里，共解放县城23座，歼敌1.2万余人，缴获、毙伤战马3200匹，缴获各种炮65门，轻重机枪227挺，各种枪3987支及各种炮弹、子弹、手榴弹、地雷等大批弹药物资，迫使马步芳集团与马鸿逵集团分别向陇中、宁夏撤退，形成了各个歼灭"二马"的有利态势，为解放兰州和宁夏创造了良好的条件。

大军势如破竹西进兰州

8月9日，第六军为中路第二兵团前卫部队，由通渭莲花镇出发，罗元发离开军部行列纵马向前，赶上了走在前头的第十七师部队。第十七师师长程悦长急忙跳下马敬礼问好，他们一起步行，边走边谈。程悦长说："军长，西进部队战斗情绪很高，执行政策遵守纪律也很好，请您放心。"罗元发点点头，程悦长又汇报说："部队严格执行了《团结回民守则》等规定，还规定了保护清真寺、尊重回族群众风俗习惯、损坏老百姓东西要赔偿、不增加回民负担等纪律。"

链　接

团结回民守则

（1）保护清真寺、拱北，不随便进去，不在门墙上画宣传画、张贴书报；（2）严禁在回民家里吃驴、骡、马肉，吃牛羊肉之前，须请阿訇宰；（3）不和回民青年妇女交谈，不入回妇房子；（4）不干涉阿訇夜间礼拜念经，遇回民礼拜时不偷看、不喧哗；（5）不去回民房子里洗澡；（6）在回民水井打水洗手，剩水不倒回去；（7）称呼回民为"老乡""老表"，不准叫"回子"；（8）不对回民说猪，不问回民为何不吃猪肉，不问清真寺是什么；（9）不在回民家里吸烟、喝酒；（10）人人宣传我党的少数民族政策。

第六军指挥员通过回民区时，战士们都自觉遵守回族人民的风俗习惯，不借用回民的炊具，不与回族妇女交谈，不进回民屋子，部队住宿时就在野外露营。指战员沿途看见当地群众在反动派的残酷压榨下，过着缺吃少穿、以糠菜度日的生活，非常气愤，恨不得一拳砸开兰州城，解放甘、宁、青，为各族人民报仇！第四十九团有个排长行军途中一直拉痢疾，身体虚弱，连长要他留在后方，他坚决地对团长说："我决不会留在后方——就是爬也要爬到兰州城下，不消灭马步芳，我死也不甘心！"

交谈中，程悦长又问道："军长，这次哪个师担任主攻？"罗元发笑了笑说："你是要挑重担子，对吧？具体任务等待野司和兵团明确了各军的任务后再说。不过，决不会叫你失望的。"

程悦长听了，便恳切地表示："军长，把最艰巨的任务交给我们师吧！"这时，第五十团一个连队从罗元发和程悦长一行身边走过，罗元发看到走在队伍最前面的一个面孔黧黑、长着络腮胡的中年人身上背着好几条米袋，肩头上扛着两支步枪，走路昂首阔步，好像有着永远使不完的劲，便向程悦长问道："这个干部叫什么名字？"

程悦长回道："五十团三营七连指导员曹德荣，是个很好的政工干部！"

罗元发赞许地点了点头。

浩浩荡荡的支前队伍尾随部队过来了，大车拉的、毛驴驮的都是粮食弹药，民工们扛着担架，喜气洋洋地支援子弟兵。罗元发便对程悦长说："解放区人民对中国革命做出了特殊贡献！为了支援我军西进，新老解放区动员组织好了支前大军，这是我们取得胜利的根本保证啊！"

程悦长目送着一眼望不到头的民工队伍，也不由得感慨地说："有人民的大力支援，我们更是信心百倍！"

链 接
程悦长

1911年出生于湖北省红安县。1929年参加红军，1932年由团转入中国共产党。

土地革命战争时期，任少共国际团副排长，在中央苏区第四次反"围剿"战斗中，排长牺牲，程悦长率战士奋战，歼国民党军一个机枪连。后历任红三十一军九十三师连指导员、连长，师政治部组织科科长、师医院政委、师供给部政委。参加了长征。

全民族抗战时期，任八路军一二九师三八六旅七七二团卫生队政治指导员、营政治指导员。任新编第一团政委时，率部参加香城固战斗，带领指战员和敌人拼刺刀，歼灭200多个鬼子，烧毁8辆汽车，日军大队长被击毙，作为光辉战例，载入了八路军的史册。在任陕甘宁晋绥联防军新编第四旅十六团团长时，率部于1943年去延安的路上，在韩略歼灭了日军华北战地参观团100多人。

解放战争时期，任陕甘宁晋绥联防军新编第四旅参谋长、副旅长。后任西北野战军第六纵队新编第四旅旅长时，率部参加西府战役，在陇东的南家李庄浴血奋战抗击敌人一整天，掩护了总部转移。1949年任第一野战军六军十七师师长时，率部在陕中战役时率部首先攻占解放西安；在扶眉战役中，率部勇猛穿插在午井镇地区歼敌，战果辉煌。

12 日，第一军侦察部队攻占陇西；第六十三军一八九师攻占会宁，第六十五军一九四师占领定西东南西兰公路交通要点华家岭。马继援在离开静宁前，曾为给"青马"师长们打气，将退守兰州的企图以口头命令下达，强调兰州防御的有利条件，对马振武和参谋长李少白传达说："在兰州打防御战的有利条件是：（1）兰州是西北军事重镇，依山带河，形势险要，进可以战，退可以守；（2）兰州是西北兵站基地，军用物资储备雄厚，可以说是用之有余；（3）国防部已经指示包头董其武主席与我们联防，协同作战；（4）在兰州如能相持一个时期，驻新疆的骑兵第五军及一些中央军可赶来参加作战。"马继援说得有声有色，当时马振武等人听了也精神为之一振。"青马"从静宁向兰州撤退，第一二九军经会宁、定西到兰州，第八十二军全部由华家岭沿西兰公路到兰州，骑兵第八旅为后卫，掩护撤退……

华家岭是通向兰州的军事要地，长达 130 多公里的干旱山岭一片荒凉，不见人烟。部队连续行军作战，断水断粮，战士们常常连窖水①都喝不上，渴得嘴上裂满血口子，饿得捋路边的树叶吃。但是，第六军指战员不顾长途行军作战的疲劳，忍着极度的饥渴，克服重重困难，日夜兼程，追击敌军，直逼兰州。

8 月 14 日，国民党政府行政院院长阎锡山在广州召集马步芳、马鸿逵、胡宗南参加"西北联防会议"，策划兰州决战，企图合击第一野战军于兰州城下。

---

① 窖水：窖，又称旱井，在干旱、半干旱地区土层较厚的山塬地下挖成井形的窖，用于贮存地表径流，解决人畜用水、农田灌溉。存储于水窖中的水，称为窖水。

第四章　兵临城下

第一野战军从东、西、南三面完成对兰州守敌的包围后，第六军向兰州的西、南两个方向前进，先头部队第四十九团进入榆中县城，并击溃马步芳部侦察部队一个连，进驻了县城。榆中解放后，彭德怀司令员在榆中县连搭乡乔家营设立了第一野战军指挥部，中共皋榆工委协军团组织群众给解放军带路，发动群众欢迎解放军，抓紧筹集粮草。

兰州战役打响在即，第一野战军司令部已经向各参战部队及时通报全国的政治、军事形势和兰州战役的作战部署。同时，发出进攻兰州的战术指示，各路大军迅速投入紧张的战前准备工作，各种急需的作战物资、弹药源源不断地从大后方运往前线。

马步芳部在兰州南山的各山头上加紧修筑工事，盘山公路上各种车辆满载着作战物资，穿梭往来，烟尘弥漫。兰州城内，守护的士兵们在军官的呵斥逼赶下，日夜不停地沿河挖工事、垒沙袋，巡逻的马队日夜沿黄河奔跑，把黄河封锁起来，发现船只和羊皮筏子，一律击沉。兰州城内更是一片混乱，大战一触即发。

解放大军对兰州城形成包围态势

8月15日，第一野战军中路第二兵团集结定西县西南新营镇、内官镇；左路第一兵团二军八十四团攻占会川城，歼灭国民党甘肃保安旅旅部及第八团，俘旅长陈学浩以下1400人。驻临洮之青马新编骑兵军风闻第一野战军到来，急忙烧毁临洮县洮河上下百余里内仅有的一座桥梁后，慌忙向西逃窜。

16日，彭德怀、张宗逊、阎揆要致电第一野战军各兵团，通报了近日国民党军青、宁"二马"的动向后，要求各部仍按预定方案继续前进。当日，第一野战军第一兵团一军侦察部队占领临洮，国民党县保安队400余人投降；第十九兵团解放了榆中的甘草店、清水驿、夏官营、金崖、连搭、定远一带；第二兵团六军从龙泉、新营进入榆中地区，罗元发接到第二兵团电报：野司决定调整部署，原由第六军担任攻击马架山的任务现改为攻击皋兰山主峰营盘岭，第六军的左翼是沈家岭，由第四军负责，右翼是马架山，由第十九兵团六十五军负责，同时第一野战军司令部要各部队务于8月20日前扫清外围之敌，从东、西、南三个方面完成对兰州守敌的包围。罗元发接到命令后，当即命令第六军十六、十七师迅速向兰州西南方向攻击前进，摸清兰州以东马架山一带敌人兵力部署的情况。当晚，第六军经过上庄、马坡、银山、兰山向兰州的西、南两个方向前进，前卫第四十九团进入榆中县城，并击溃马家军侦察部队一个连，进驻了县城。

——连日来，第六军行军作战途中，严格执行第一野战军政治部颁布的《对回民俘虏各项守则》和《对优待回民俘虏补充指示》，部队所到之处，尊重少数民族风俗习惯，指战员宁可露宿街头，也不进民房和清真寺，使回族群众深受感动。在20多天时间里，六军指战员长途追击作战，一边进军一边战斗，长达1150多公里的长途跋涉，一路上部队要自筹粮食，自带弹药和饮水，困难是可以想象的。但是，第六军充分发挥政治工作的优势，把政治思想工作做到了进军的全过程，部队始终保持了饱满的战斗热情和旺盛的战斗力，指战员们以惊人的毅力克服了吃不饱、睡不好、气候不适应，以及狂风暴雨的袭击、疾病的折磨等重重困难，大踏步追击，使撤退的敌人没有喘息的机会。第六军一鼓作气追击到兰州城下，为兰州大决战赢得了时间，争得了主动……

榆中解放，彭德怀在榆中县连搭乡乔家营设立了第一野战军指挥部，杨得志、李志民在定远镇猪嘴岭设立了第十九兵团指挥部，罗元发和张贤约在和平镇九条路口的村庄设立了第六军指挥部，第六十三军也在金崖镇尚古城设立了指挥部，第一野战军相继在歇驾嘴和李家庄设立了战地医院，并在清水驿和甘草店设立了后方医院。在中共皋榆工委的领导下，榆中县成立了中共皋榆工委协军团，组织和动员全县人民出人出力，投入空前的支前活动中。中共皋榆工委协军团成员按照事先的分工，组织群众给解放军带路，发动群众欢迎解放军，抓紧筹集粮草。为了搞好支前工作，协军团分别从苑川河东面的过店子村到西面的黄家庄村设立了6个支前站，由中共党员或协军团成员负责，在苑川河沿岸没有设立支前站的村庄，组织各村的协军团成员及进步学生积极投入支前工作中。此时，榆中金崖地区的粮食还没有开始打碾，绝大部分粮食堆放在田地里没有上场，给筹集粮食带来很大困难。负责筹集粮草的协军团成员，一面动员群众快运粮食上场打碾，及时送交部队，一面动员存有旧粮的农户，把粮食拿出来支援前线。

19日，从隆德、静宁地区出发向西挺进的第一野战军右路第十九兵团继第六十三军解放会宁后，第六十五军主力经华家岭进至兰州东南之乔家营、定远镇、金家湾地区，并攻占兰州市东南猪嘴岭、张中店。中路罗元发部第六军十七师攻占了榆中西北要点九条路口、靳家庄西山以及郭家寺地区，攻击前进中，第十六师攻势凌厉，所遇敌人一触即溃，按时完成了扫清榆中县城外围的战斗任务。

第六军顺利进入了皋兰山以南地区，抵进皋兰山主峰营盘岭，罗元发为了便于指挥，把指挥部移到九条路口以北的邵家泉。罗元发同张贤约根据敌人不战而逃的迹象，判断出这显然是马步芳部欲放弃外围的守备，集中兵力准备固守皋兰山主阵地的企图。根据敌情这一变化，罗元发在部署战斗的同时，强调了加强部队政治思想工作的重要性，饶正锡副政委在召开的各师、团领导干部会议上说："兰州是解放西北关键的一仗。由于马步芳利用宗教迷信，搞反动宣传蒙骗士兵，因此要加强政治攻势，瓦解敌军就显得更重要了。我们要在胜利面前再鼓一把劲，誓将革命进行到底，为解放兰州、解放大西北、解放全中国而奋斗！"为此第六军司令部在干部会上要求各部队做好指战员的政治思想工作，务必注意防止和纠正轻敌急躁情绪。会后，第十六师政委关盛志、政治部主任魏志明，第十七师师长兼政委程悦长、政治部主任张世功分别结合各师的情况，反复动员，要求发扬党团员在战斗中的模范作用，坚决执行命令，完成战斗任务，并开展了火线立功等一系列的活动。第六军各师进入了各种战斗准备工作，军后勤部长郑云彪组织全军的后勤人员到榆中各地区筹集粮食，将各种物资、弹药及时运送到前线，并把民工、支前担架分配到各师的阵地上，卫生部门迅速开设了救护站。

第六军指战员为攻打皋兰山主峰营盘岭的一切工作都在紧张有序地进行着。

六军前沿阵地动员会

8月19日午后，罗元发率军部指挥员站在邵家泉一处高地上观看现场讨论战斗方案，极目远望，晴朗的天空下，巍峨的皋兰山就在不远处，概貌十分清晰。这时，值班参谋跑来报告："彭总来了。"听到这个消息，罗元发、张贤约、饶正锡和陈海涵等人急忙迎到村口，却不见彭德怀司令员的踪影，经过询问，才知道彭德怀没有到军部就直接登上对面的山头了。罗元发当即告诉陈海涵以司令部名义通知前面的部队特别注意警戒，同时通知团以上主要领导干部，迅速上山陪同彭德怀司令员看地形。

罗元发一行匆匆上山，彭德怀司令员同大家一一握手，简要地询问部队情况后，便登上一个高坎，举起望远镜向皋兰山瞭望观察。第六军各师的指挥员也陆续来到彭德怀司令员身边，大家默默地一起看地形。

彭德怀司令员带领大家从前沿阵地下来到山后，在一块平坦的空地上摊开地图，一面看图，一面让大家各抒己见，谈谈对营盘岭的具体打法。于是，大家你一言我一语，毫无拘束地谈起来，大家的看法和彭德怀司令员的想法基本一致，觉得从下庄强攻比较好。

彭德怀司令员走后，罗元发立即召开第六军团以上干部会，部署了各师的战斗任务和战前的准备工作。根据彭德怀司令员的指示，罗元发和张贤约反复强调部队要深入政治动员，防止轻敌急躁情绪，充分做好各项准备工作。会后，饶正锡副政委部署军、师两级都派出检查组，深入连队了解情况，指导工作。第十七师召开会议，黄振棠政委传达彭德怀司令员在第五十团视察的情况和军部的指示，要求全师指战员坚决执行彭德怀司令员和军部的指示，反复进行战术演练，连夜构筑工事，做好歼灭敌人的准备。

19日21时，彭德怀司令员就攻击兰州、进军青海、宁夏、新疆的部署致电毛泽东主席并贺龙、习仲勋。彭德怀在电报中说，国民党军周嘉彬、黄祖勋两军，迅速退到兰州以北，有随国民党甘肃省政府退却酒泉的迹象；宁马部卢忠良准备在灵武、金积抵抗，妄图掘渠水淹没金、灵两县，主力集结阳和堡准备大机动，取道凉州转回河州（今临夏）；青马以第八十二军主力集结兰州城南城东，加修工事准备抵抗；蒋介石已经连续几天用数架运输机送弹药到兰州，同时将物资由兰州运往西宁。

与此同时，马步芳自广州赶回兰州布置城防。当时，兰州人口不足20万人，青马竟派5万人的部队驻守，引诱第一野战军在此决战，还处心积虑地用欺骗手段煽动狭隘的民族情绪，极力向各族群众灌输仇恨、丑化共产党、解放军的思想，妄想把它作为抵抗解放大军的第二道防线。马步芳参加完国民党政府召集的西北联防会议后，从广州乘飞机匆匆赶回兰州，

链　接
黄振棠

　　1912年出生于江西省上犹县，1931年加入中国共产主义青年团，1932年加入中国工农红军，同年由团转为中国共产党党员。

　　土地革命战争时期，曾任红二十一军政治部青年部长，红三军团第六师十六团代政治委员，红一军团第一师团政治委员，红三十一军第九十一师政治部主任、代师政治委员。参加了中央根据地第四至五次反"围剿"斗争和二万五千里长征。

　　全民族抗日战争时期，任八路军一二九师三八六旅七七一团政训处主任，七六九团政治委员，第三八五旅政治部主任，陕甘宁晋绥联防军新编第四旅政治部主任。先后参加了东洋关战斗、太原保卫战、广阳伏击战、正太铁路破袭战、长生口伏击战、神头岭伏击战、响堂铺伏击战、长乐村战斗、爷台山战斗。

　　解放战争时期，任陕甘宁晋绥联防军新编第四旅副政治委员，西北野战军第六纵队新编第四旅政治委员，参加了青化砭、羊马河、蟠龙、西府、陕中、扶眉等战斗和战役。中国共产党第七次全国代表大会代表。

狂言要"挽狂澜于既倒，定乾坤于西北"，提出保卫大西北、保卫家乡、保卫宗教、破产保产、拼命保命的"五保"口号。马步芳父子亲自部署兵力，青马主力第八十二军第一九〇、二四八、一〇〇师等精锐部队分守沈家岭、营盘岭、马架山三大阵地。青马第一二九军分别防守东岗镇、七里河地区，保障兰州东西两翼；国民党西北军政长官公署大部分已经撤退到张掖，尚留的长官公署及青马骑兵第八旅等部位于黄河北岸，与靖远宁马部的第八十一军衔接。为了阻止第一野战军由兰州以东渡过黄河迂回到兰州，马步芳还急调驻新疆的青马所部驰援策应，任命他的儿子马继援统一指挥兰州地区的作战。在大战前夕，马步芳还曾饬令："本署以诱敌于有利地区与之决战，凭天然障碍筑工事，严密部署，如敌来犯，决举全力一鼓而歼灭之。"并一再致电国民党中央政府，要求空军在会战期间，逐日派强大机群参加助战。

国民党军宁马军事集团也深感兰州战役的成败将决定自己的命运，集结主力海固兵团，摆出支援青马部的态势，等待有利时机迂回到第一野战军侧翼出击。胡宗南更是掏出了最后的血本，调集 4 个军于徽县、成县、两当县及川陕公路，并准备配合青马部出兵天水，袭击第一野战军的后方。国民党反动政府为了实现其在大陆保持一块反革命基地的计划，更不惜挖肉补疮，连日向驻防兰州的青马部队空运军用物资，妄与第一野战军决一雌雄，企图用正面抗击和两翼包抄的战术，一举吃掉第一野战军。马继援一面部署兰州决战，一面严令黄祖埙第九十一军、周嘉彬第一二〇军，日夜兼程，开赴兰州黄河以北地区集结待命，担任兰州决战中马家军的总预备队。

大战一触即发

兰州战役打响在即，第一野战军司令部已经向各参战部队及时通报全国的政治、军事形势和兰州战役的作战部署，发出进攻兰州的战术指示，司令部要求各作战单位在进攻前要仔细侦察、精密计划、充分准备；进攻时必须集中优势兵力、火力、技术于一点，一个一个山头、房舍、阵地逐次歼灭敌人，不攻则已，攻必奏效。

20 日上午，第一野战军第十九兵团经榆中县麻家寺、定远、金崖，到达兰州外围的十里山一带；第二兵团经上庄、马坡、银山，到达兰州城南的阿干镇，从东、南、西三面对兰州进行了包围。主攻兰州的三、四、六军和第十九兵团六十三、六十五军会师兰州城郊，开始进行攻击兰州的战斗准备。同日，甘肃军区在定西成立，司令员王世泰，政治委员张德生（兼），副司令员徐国珍、任谦，参谋长侯世奎，政治部主任王再兴。

　　国民党军青马所部在兰州城南的各山头上加紧修筑了工事，盘山公路上，各种车辆满载着作战物资，穿梭往来，烟尘弥漫。东岗坡、皋兰山、沈家岭和狗娃山一线阵地上本来就有坚固的守城工事，马步芳所部进驻这一带山头阵地后，除加固原有的野战工事外，马继援令还守山头阵地的部队日夜在漫山遍野新挖新修了各式各样的堑壕和掩体，摆出一副坚守阵地、与第一野战军拼一死战的架势。

　　黄河北面，青马所部沿河布满了工事，机关枪和大炮架起来，机枪射手和炮兵日夜守在机枪和大炮的旁边，连吃饭也是送到工事里的。士兵们在军官的呵斥威逼下，日夜不停地沿河加固工事，垒沙袋；巡逻的骑兵部队日夜沿黄河奔跑，这一队刚过，那一队又来，穿梭往返，从无间歇，使战前的紧张气氛更加浓重了。

　　兰州城里的官僚绅士们，忙着用马匹车辆将家中金银细软一应运往黄河北面，准备在战事不利时，由黄河北岸向西奔命。黄河穿古城兰州而过，连接南北两岸的只有一座黄河铁桥[①]，弹药粮草、士兵马队南来北往，一座本来就不宽的铁桥已经显得拥挤不堪，加上地方绅士搬运家当，便使得铁桥上经常发生堵塞，动刀动枪的械斗时有发生。马继援听到黄河铁桥堵塞影响军事行动的报告后，当即传下一道命令："把铁桥封锁起来，实行军事管制！除了部队行动而外，谁都不准过！如果有人敢胡来，格杀勿论！"黄河铁桥被青马军事集团军事管制后，官吏绅士们毫无办法，只得花钱雇用筏客，用羊皮筏子[②]和大小船只搬运物品。一时间黄河水面上一片混乱，沿河上下士兵们趁机抢劫掠夺，大发横财。马继援得到消息，

---

　　① 黄河铁桥：建于清光绪三十三年（1907年），长234米，宽7.5米，初名"兰州黄河铁桥"，1928年为纪念孙中山先生而改称中山桥，有"天下黄河第一桥"之称。

　　② 羊皮筏子：俗称"排子"，是种古老的渡船工具。其制作方法是将羊割去头蹄，然后将囫囵脱下的羊皮扎口，用时以嘴吹气，使之鼓起，十几个"浑脱"制成的"排子"，游人或货物置于"排子"上，筏工用桨划筏前进。

气得大发雷霆，下令沿河部队把黄河也封锁起来，发现船只和羊皮筏子，一律击沉。

兰州城内更是一片混乱，大街小巷，挤满了国民党军士兵、商贩和市民。人们互相打探消息，一个个惊慌失措，想跑无处跑，想躲无处躲，顾了身家性命又怕丢下妻子儿女，一时乱挤乱窜，不知如何是好。多年倍受马步芳军事集团欺压的百姓，表面上也很紧张，内心里却为第一野战军即将攻打兰州暗暗叫好，他们盼望着战斗赶快打响，好让百姓们早日脱离苦难。

20日午后，第一野战军司令部发布了作战命令：各军于21日拂晓全线发起攻击。命令传达到部队以后，全军上下情绪高昂，久已集聚在心头的对敌人的深仇大恨好像火山爆发一样，"彻底消灭敌人，为解放兰州人民，为解放大西北的关键一战而杀敌立功"的誓言，响彻云霄。

接到担任主攻营盘岭的任务，第十七师师长程悦长带领副师长、参谋长和相关人员立即到前沿看地形。营盘岭是马步芳父子妄图拱卫兰州，在皋兰山一线布防的三大主阵地之一，攻上山去兰州就在脚下。由于地势重要，马家父子以主力师二四八师驻守，山上遍布明碉暗堡，交通沟环来绕去，山脚削成了陡立的峭壁，上下山全凭山上的环山公路，加之山前有一两公里长的开阔地，这对攻击部队很不利。程悦长对随行人员说："如果在敌人前沿阵地附近，找到个冲锋出发地就好了。"

"对。"副师长同意程悦长的意见，指着山边一座院墙说："就在那里怎么样？"大家拿望远镜仔细观察——原来那是牧羊人羊圈的圈墙，年久失修，破败不堪，只剩残垣断壁暴露在守敌阵地前沿上，附近还有几道一起一伏的小土丘。程悦长决心要利用这个难得的地形，便组织大家立即进行研究，决定派一支部队带着足够的炸药和干粮，在战斗打响前夺下这个羊圈做隐蔽点，等待正式攻击时炸开山前的陡壁，为大部队开辟一条冲锋的道路。回到指挥所，程悦长召集各个团的干部布置任务，第四十九团负责扫清出发地外围并监视敌人，第五十团一营主攻，三营七连一个排配合攻击，二营待机参加攻击。

深夜，第六军各师按预定方案，隐蔽进入指定的位置，各种火炮也进入了阵地。第十六师师长吴宗先会同第十七师副师长袁学凯，带领相关人员特别检查了炮兵阵地和各突击队的火力配置。第一野战军为了加强第六军的攻击力，把司令部炮兵团的两个炮兵营所有的17门野炮和3门榴弹炮配属六军指挥，与六军原有的15门山炮、6门重迫击炮及各团的迫击炮组成了两个火力团队，由十六师师长吴宗先和十七师副师长袁学凯分别指挥。

链 接
吴宗先

1916年生，安徽省六安市人。1929年参加了少年先锋队，1932年参加中国工农红军，1933年加入中国共产主义青年团，1935年转入中国共产党。

土地革命时期，任红二十五军第七十五师二五三团排长、连长，红三十一军第九十一师二七六团副团长，先后参加七里坪战役和鄂东北中心区保卫战、皖西北中心区保卫战和创建鄂豫陕革命根据地的斗争。随军长征到达陕北后，参加了劳山战役、榆林桥战斗和直罗镇战役，两次身负重伤。

全民族抗日战争时期，任八路军一二九师三八六旅七七一团营长，一二九师新编第四旅十团政治委员、第十一团政治委员，陕甘宁晋绥联防军新编第四旅七七一团团长，先后开赴山西抗日前线，开辟了晋东南敌后抗日根据地。1943年11月，率部冲破重重封锁到达陕甘宁边区。

解放战争时期，历任陕甘宁晋绥联防军新编第四旅副旅长，西北野战军第六纵队教导旅旅长，曾率部参加了延安保卫战的一系列的战斗，后率部参加陇东、西府战役。1949年任第一野战军第六军十六师师长，率部解放蒲城、大荔等城镇，后率部强渡渭河攻占西安，参加了扶眉战役。

第六军十六师奉命突破皋兰山主峰营盘岭东南阵地，师部决定以第四十六团为主攻，第四十八团作为预备队。战斗部署下达后，师政委关盛志、政治部主任魏志明在师党委会上要求各团、营、连、排干部传达彭德怀司令员的指示和有关精神，指战员反复进行战术演练，做好歼灭敌人的准备。师卫生部为落实第二兵团后勤部的指示，部长陈俊昭和政委惠奋决定将战地救护站设在下庄范家营附近的一个山窝子里，院长王倩宾对医护人员作了具体要求，外科主治医生贺向明、总护士长赵步鸿和护士长石建中、逯益林带领大家将借用当地群众的几间旧房子打扫干净，搭起了帐篷，很快就建成了一个战地救护站。经过充分的思想动员后，在第十六师阵地上，指战员构筑工事，在守敌外壕、峭壁开挖沟壕，通过开挖的沟壕来接近营盘岭敌军阵地。

第十七师五十团在团党委会上，讨论了如何完成攻克皋兰山主峰营盘岭的战斗任务，决定以第一、三营为突击队，并肩攻击；第二营为团的预备队，任务是防止敌人反扑，并向纵深发展。为了不使营盘岭守敌察觉第五十团进攻行动，团部要求攻击部队尽量缩短向敌发起进攻距离，减少自己伤亡，给敌人以突袭。

夜色微明，天上闪烁着星光，弯月刚挂在山边，攻击部队出发了，程悦长送他们出了掩体，嘱咐道："第一次攻击，要打个漂亮仗呀！"

"师长放心，胡宗南都给我们打垮了，还说马步芳呢——如果前沿阵地都攻不下来，还怎么能攻上山去，打进兰州城呢？放心吧，师长。"

"保证完成任务，师长，你等待好消息吧！"

战士们争相答复着。

听了这些豪情满怀的话，程悦长为有这样的战士而高兴，但猛然想起彭德怀司令员最近的指示：我们自榆林战役以来，打了很多胜仗，要特别防止骄傲轻敌情绪；敌军惯打反扑，在占敌阵地后，改造工事未完之时特别要注意。程悦长再次反复叮嘱战士们，攻击中要弄清敌人的火力点，攻上去后，抓紧抢修工事，小心敌人的反扑……

第一、三营指战员利用黑夜，越过皋兰山许家岘汤家湾村前的蜂腰部，冒着守敌阵地不时打出的冷枪冷炮，突击队潜伏在敌军阵地前沿几十米处的崖坎下，战士们沉着静伏，等待着攻击信号和发起冲锋的时刻。

第五章　黑暗统治

1949年初，国民党统治下的兰州通货膨胀触目惊心，工商业凋零，老百姓处于水深火热之中，过着饥寒交迫的苦难生活。国民党军马步芳军事集团是以家族世袭统治和宗教控制为特点的封建军事集团，蒋介石为达到政治目的，对其残暴血腥统治怂恿鼓动，拉拢利用。为维持庞大的军事开销，马步芳军事集团绞尽脑汁，变换手法搜刮民财，许多市民被迫逃亡乡野，大部分商店关门倒闭。

为实现对兰州的法西斯统治，马步芳军事集团大搞白色恐怖，相继颁布了"戒严法"等20多部反动法令，调进大批特务骨干分子，在大街小巷张贴马步芳的"紧急治罪法"布告，实施残暴的特务统治。古城兰州警笛长鸣、宪警遍街，一片血雨腥风。更为残暴的是，行将灭亡的国民党草菅人命，并制造了灭绝人性的"兰州沙沟惨案"。

马步芳军事集团强取豪夺

全民族抗日战争时期，兰州是大西北的军事、政治、经济、交通中心，在地理上为扼制青海、甘肃河西走廊、新疆及宁夏的枢纽，为中原通往西南、西北的交通要冲，战略地位十分重要，是中国抗战时期物资补给重要的中转站。当时沿海被日本侵略者封锁，而苏联是抗战初期唯一对中国提供军事援助的国家，援助中国的战略物资，通过西北国际交通线抵达兰州，再陆续被送往全国其他各个战区。

抗战胜利后，在国民党的统治下，兰州大批工业和资金纷纷迁回内地，而由国民政府投资兴办的工厂和企业，或者转变为军用工厂，或者撤资歇业，再加上国民政府实行所谓的"币值改革"，滥发纸币，导致纸币急速贬值，物价飞涨。随着纸币的急速贬值，兰州金融业的资金严重短缺，加上工商业的贷款又无法及时归还，直接导致了金融业的崩溃。1947年12月，兰州物价指数上涨仅次于北平和南京。在这种背景下，兰州经济迅速衰落，工商业一片萧条。在工业方面，据统计，从1945年8月到1946年6月，兰州申请停业的工厂达到46家，到1947年工厂仅剩下130多家，数量比全民族抗战时期减少了将近一半，到1949年下半年，兰州工厂只有36家。在商业方面，仅据1948年春统计，兰州倒闭的商店就有35家，到1949年5月，自动申请停业者达到48家，关门者达72家。

马步芳父子为了维持庞大的战争开销，绞尽脑汁，变换手法搜刮民财，许多市民被迫逃亡乡野，大部分商店关门倒闭。兰州战役前夕，马步芳当局成立了"兰州各界战时服务团"向工商界强征强索，时任行栈业理事长的陈茂春回忆了亲身经历的两次大勒索，具体反映了民族工商业者在马家军巧取豪夺下生存的艰辛。一次是为马继援的第八十二军收购宽面洋布10万匹，损失白洋7.6万多元。另一次是马继援向兰州商会索要毛巾8万条，但由于物资匮乏，东拼西挪只凑了5万条，无奈之下，陈茂春只好用窄布剪成截子来代替毛巾，这一次，仅行栈业就损失800多块银圆。办完这两个差事后，陈茂春便隐藏在别人家里，吓得不敢露面……

有关统计表明：1947年12月，兰州的物价指数已较1937年上半年上涨了10.2万多倍。当时面值百万元的大钞，已不能抵补印刷费了。到1948年8月中旬，情况更加恶化，一次理发费居然就要240万元。马步芳集团的种种倒行逆施，就连国民党内部的许多党、政、军、警、宪、特人员也看不惯，他们在私下称兰州为"烂州"，称皋兰县为"搞烂县"，以发泄对马步芳血腥恐怖政策的不满。为了挽救经济危机，国民党政府开始发行金圆券，仅 1948 年一年就发行 20 亿元。金圆券的无限发行，又从兰州人民手中夺去了难以计数的物质财富，而可怜的老百姓只剩下一堆废纸，又遭受了一场浩劫。

根据 1981 年出版的《甘肃省文史资料选辑》（第 12 辑）记载：

1949 年 2 月 4 日，兰州至上海飞机票 44050 元；公路运输客票每人每公里 10 元，货运每吨公里 68 元；食盐每市斤 25 元，物价较上年底上涨率在 200% 以上。2 月 15 日，国民党兰州市政府公布 1 月份物价上涨指数，以 1948 年 8 月 19 日金圆券发行日为基数，物价食物类（包括 12 种）上涨 74.42 倍，衣着类（包括 12 种）上涨 90.54 倍，燃料类（包括 4 种）上涨 122.88 倍，杂项类（包括 7 种）上涨 117.24 倍。到 3 月底，兰州市场物价生活指数已上涨为 2579 倍，比 2 月份上涨了两倍半，兰州至上海的飞机票价已经成为 1967000 元。通货恶性膨胀，货币狂跌贬值，物价腾飞猛涨，钞票（金圆券）形同废纸，民间普遍拒绝使用。6 月，国民党甘肃省政府为挽救岌岌可危、即将覆灭的黑暗腐败反动政权，于同年 6 月 3 日起向民间、商界以每两定价 0.8 元强迫收购所需白银，在兰州甘肃造币厂用民国三年袁世凯头像模型开始铸造面额 1 元的银币，借以作垂死挣扎，维持气息奄奄的覆巢危局。铸造银币以后，政府各项税收、邮电、航空、公路、市场贸易、公教人员薪俸等均明令实行银圆本位制，勉强维持苟延残喘的破烂摊子。

当时，国民党政府发行的钞票是在重庆印刷，兰州市及甘肃全省流通的货币也是从重庆由飞机空运到当时甘肃省政府（今甘肃省人民政府驻地）大门前的中央银行兰州分行，然后用汽车运送各县。在兰州的各机关从银行里提出来的钞票，经常是连封条上浆糊还没干就原封不动地发到公务人员的手中。公务人员领到面额 1 万元、5 万元、10 万元、50 万元甚至 100 万元成捆月薪大钞票时，只急忙点捆（封）数，顾不上细点张数，提上一大包钞票就急行军似的往兰州市曹家厅"黄牛党"（当时民间把黄金、银圆贩子叫作"黄牛党"）黑市上跑，目的就是争取时间把即将成废纸的成捆钞票多兑换一块（元）银圆，因为当时物价一日数涨，早上一个样，中午一个样，晚上又是一个样。当时兰州市面上流传两句民谚顺口溜："飞机响一响，椭椭涨一涨；飞机转一转，椭椭涨一万。"（飞机，指运来钞票的飞机；椭椭，当时民间把银圆称为椭椭）充分证明过多地滥发钞票，刺激物价飞速上涨的实情。据国民党中央银行兰州分行不完全公布的统计数字，仅兰州市在1949年6月6日与8月5日，两次就将收回的旧法币510箱、计2703.0亿元投入黄河销毁，金圆券150箱、计200余亿元烧毁，流落民间无法收回的旧法币、金圆券不计其数。

国民党的法西斯统治

在国民党蒋介石统治时期，国民党为维护其法西斯独裁统治，中统[①]、军统[②]特务机构遍布全国，各地除公开的监狱外，还有许多不为人知的秘密监狱用以镇压中国共产党人和爱国人士，兰州沙沟秘密监狱就是其中之一。

兰州黄河北庙滩子桥被当地人俗称为沙沟桥，沙沟桥下的排洪沟

---

① 中统：中国国民党中央执行委员会调查统计局，简称为"中统"，是国民党CC系领导人陈果夫、陈立夫所控制的全国性特务组织。前身是1927年由CC系分子所组成的国民党中央组织委员会党务调查科。1938年3月，在国民党临时全国代表大会上，经蒋介石提议，以军事委员会调查统计局第一处为基础，成立中国国民党中央执行委员会调查统计局，中统由此正式形成。1949年2月改名为内政部调查局。

② 军统：1931年"九一八"事变后，在黄埔军人贺衷寒、戴笠、郑介民、康泽等"十三太保"的策划下，组织了一个以军人为主体的复兴社（有人称蓝衣社），1932年又在复兴社内设核心组织力行社，设有一个专门进行谍报活动的特务处，它是军统的最前身。1937年底，力行社特务处与特工总部（1927年成立之"国民政府军事委员会密查组"）合并，成立"国民政府军事委员会调查统计局"，简称"军统"。

往罗锅沟一带被称为沙沟。国民党建立的沙沟秘密监狱所在地原本是一包姓人家所开的骆驼店，东面是兰州城里人的墓地，人烟稀少，称为大坟滩；东北依山而建，土夯的高墙坚固厚重，三面环立，警戒森严，特务、看守进出监狱皆为便装。沙沟监狱是国民党中统特务机关囚禁和秘密关押共产党人、革命进步人士和其他"异己分子"的牢笼，也是制造大量惨案、冤案的"魔窟"。当时的兰州国民党驻军甚多，离此不远往西的靖远路有一座关帝庙，往东是现在的草场街，驻有国民党的一个高炮营。盐场堡驻扎有国民党晋陕绥指挥部的一个特务营，从兰州城内经桥门（现西关什字）必经的黄河铁桥由国民党军队把守。沙沟监狱不但地域偏僻，还禁止一切亲属探监，因而与世隔绝。

1938年1月，国民党中统局为加强西北地区的反共活动，在兰州设立特务机构"西北区"，委任特务头子孙步墀为区长，并以中统局督导员名义督导"陇东保卫区"及"甘肃调统室"工作，沙沟监狱拨归中统局指挥管理。同年，国民党军统设立许多特务训练学校，大量培养特工人员。当时，全国最为有名的4个特务训练班分别是设在湖南临澧县的"临训班"，设在贵州黔阳县的"黔训班"，设在贵州息烽的"息训班"和设在甘肃兰州的"兰训班"。"兰训班"全称为"中央警官学校驻兰特种警察训练班"，直属军统局领导，地址在兰州市桥门街关帝庙内（现省军区招待所一带），兰训班的组织设主任办公室，主任由戴笠兼任，下设秘书室、政训组、教务组、总务组、会计课、大队部、医务所等。戴笠来兰州住宿在华林山头面临黄河的九间楼[①]，由军统局修建成一座独立的院落。

---

① 九间楼：始建于清代中叶，在华林山北端的崖畔上，采用吊脚支柱，前端悬于崖上，后面平倚在山体上，即从北面朝南看为吊脚悬楼，因其高高悬起，此沿崖略呈弧形的九间单层木屋，名曰九间楼。

兰训班在 1938 年 11 月至 1945 年 9 月，共举办 5 期，训练特务人员 2400 余名；训练班分警政、情报、行动、电讯、军事、外事、检查等 10 个系，设特务、政治、军事、警察、外交、其他 6 类课程；参训人员需经严格审查，填写参加军统志愿书并宣誓，使用化名和代号；训练时间一般为 3 个月，除分系专业训练外，着重灌输"不成功便成仁"的法西斯精神；学生来源，部分系西安战干团四团和中央陆军军官学校第七分校调训人员，多数为陕甘宁、华北地区失学、失业青年，亦有军统华北区各单位保送代培的。其间，兰训班学员毕业后由军统局委任，部分入胡宗南部，大部到西北、华北、河南、山东等地军统区、站、组及其公开机关，从事航空、交通、邮电检查及情报工作；边疆班 40 余人，系藏、蒙古族人，毕业分派至青、藏及甘肃酒泉、肃南等地。

1939 年 1 月，国民党召开了以"防共反共"为主要内容的五届五中全会，决定实行"反共""限共""防共""溶共"反共政策，兰州白色恐怖也日益加剧，宣传抗日的进步杂志、书刊被停刊。同年，在华林坪设国民党军统局兰州电台（亦称西北军政长官公署电台），电台分为两部分：一部分为收报台，设在九间楼，占用民房三院；另一部分为发报台，设在骆驼巷自修简房一院。两个电台之间架设专用电话，以便随时联系。国民党军统局兰州电台之所以选设于华林坪，主要是因为华林坪地处沈家岭北部山麓丘陵与河谷部位，海拔 1663 米；华林山沟壑纵横，起伏较大，交通便利，可居高临下，俯瞰金城全貌，是战略要地。

戴笠在兰州创办了"兰训班"，多次到兰州都是来去无踪，非常诡秘。戴笠第一次来兰州住在南关什字以东的曹家厅、时任国民党第八战区统计室主任程一鸣家。后来为了安全，改住在华林山北麓的九间楼。当时正值抗战时期，物资匮乏，可是戴笠选中九间楼后，却不惜动用重金，开始修葺扩建，砌起围墙，将九间楼周边地方扩建为一个独立的院落，院内种植各种奇花异草，室内装饰也极其豪华。戴笠处事乖戾，疑心甚重，除院门口站岗士兵外，便衣警察遍布四周，特别是在往下西园的路口处，还用钢筋水泥浇筑了两个坚不可摧的碉堡。九间楼虽然毗邻繁华的大马路，但行人每每走到这里，看到里面树木荫翳，戒备森严，总会感到阴森恐怖。九间楼旁有梨树，秋末果熟时节，曾有一男孩爬上树摘梨，被戴笠从窗户里看到，责令特务将小男孩抓起来，严刑拷打。小男孩被吓得缩成一团，哭哭啼啼求饶，但是却被诬为共产党的密探，关了两年后才被释放。

1944年4月18日，戴笠在九间楼召开西北4省调查室主任、各省驻军总部调查室主任、各省市和地区的情报站长、组长等共90多人参加的会议，研究部署特务工作。

兰州城也是中统特务在甘肃的重点活动地区，中统甘肃省党部调查统计室中心小组在兰州大学和市内中、小学共设有活动点20余处，原西北技艺专科学校（校址在西果园）、西北中学（校址在七里河）、西园小学等地都设有工作点。国民党军在崔家崖、马滩、土门墩、郑家庄、任家庄、吴家园、柳家营、双营子、王家堡、小西湖、九间楼、华林山、八里窑、阿干镇、西果园和三爱堂等地驻扎部队，长期驻军，宪兵、警察局在兰州到处设置监狱、看守所、拘留所，大肆拘捕进步人士和共产党员。

马步芳父子招兵买马，疯狂扩军备战，对兰州实行法西斯统治，大搞白色恐怖，相继颁布了"戒严法""户口连保""邮电检查"等近20部反动法令。马步芳还别出心裁地仿照蒋介石的"十杀"令，在1949年8月1日签发"紧急治罪办法"，列出8种死刑：1.投匪通匪者处死刑；2.擅自破坏军事建筑、军用品、交通、通讯武器物资者处死刑；3.以军用品或物资资敌者处死刑；4.纠众暴动或结伙抢劫者处死刑；5.泄露军事或刺探军情者处死刑；6.扰乱金融者处死刑；7.煽动罢工、罢课者处死刑；8.造谣惑众致使军公人员不执行职务或动摇人心者处死刑。

链　接

蒋介石十杀令

1938 年 1 月，蒋介石飞赴河南开封前线，召集第一、五战区的军事将领开会，以最严厉的言辞，抨击了国民政府管辖下的军队之最顽固的弊端，即地方军阀部队为保存一己实力而置国家危亡于不顾。颁布了十杀令：1.轻伤自退者监禁；2.假伤图逃者杀；3.无令擅退者杀；4.擅入民房者杀；5.强买勒索者杀；6.调戏妇女者杀；7.报告不实者杀；8.造谣惑众，扰乱秩序者杀；9.拥兵不进，奉令不力者杀；10.坐视友军不加协助者杀！

马步芳父子叫嚣"宁可错杀一千，不让走脱一人"，在原国民党"军统""中统"等特务机构的基础上，又调进大批特务骨干分子，在大街小巷张贴马步芳的"紧急治罪法"布告，实施残暴的特务统治。一时间，古城兰州警笛长鸣、宪警遍街，一片血雨腥风。

反动派对兰州中共党员和进步人士的疯狂迫害

马步芳军事集团的残暴历来与屠杀征伐对象和俘虏有关，早在20 世纪三四十年代，几次对（青）海南藏族同胞的杀戮可以说是令人发指。在马步芳军事集团取得青海和甘肃部分地区统治权力后，在甘、青两省回汉地区，曾对红军西路军[①]上千名伤病员和俘虏进行

---

① 红军西路军：1936 年秋，中国工农红军长征胜利结束后，根据中革军委的命令，由红军红四方面军主力 2.18 万人组成西渡黄河作战的一支革命军队。红军西路军在甘肃河西走廊的古浪、永昌、山丹、高台、倪家营子等地区，同敌军进行了 4 个多月的英勇作战，共击毙打伤俘虏敌人约 2 万人，但由于孤军奋战，敌我兵力悬殊，红军西路军最后弹尽粮绝，惨遭失败，在中国革命战争史上写下了悲壮的篇章。

残忍杀害，更为残暴的是对普通民众残酷迫害。

1941 年 1 月 20 日，由于叛徒出卖，曾担任过张学良秘书的中共党员、《解放日报》首任总编丛德滋被秘密逮捕，关押在沙沟监狱，特务头子孙步墀对丛德滋采取利诱劝降手段和各种严刑逼供后，被囚禁在长 1.5 米、宽 1.5 米的木笼中，睡不能伸腿，站不能直腰。1942 年 4 月 19 日，在丛德滋患重病发烧口渴时，敌人惨无人道地将一碗放了毒药的洗菜水逼他饮下，牺牲时年仅 32 岁。国民党特务为掩人耳目，将丛德滋的遗体从秘密监狱拉出后扔在白塔山后面一座废弃的窑洞里。同年 1 月 31 日（正月初五），中共党员罗云鹏和妻子及 8 个月大的女儿被关入沙沟监狱。在以后长达 5 年的狱中生活里，罗云鹏成立了狱中党小组，带领难友们不断地同敌人作斗争。1946 年 2 月 27 日晚 10 点，罗云鹏被拉出监狱秘密活埋在大沙沟……

1949 年 7 月，第一野战军向大西北进军，兰州的国民党当局惊恐万状，开始疯狂地搜捕共产党人和进步人士。15 日，中共党员王善卿被捕；22 日，中共皋榆工委兰州市学委委员程万里被捕，先被关押在广武门 121 号军统特务秘密监狱，后被转移到沙沟监狱；25 日，中共陇右工委兰大教工支部书记魏郁不幸被捕；28 日，由于叛徒出卖，中共党员和进步人士龙加锐、陈仙洲、梁天德相继被捕，两天后被全副武装的军警押上一辆卡车，关入沙沟秘密监狱。此时，国民党统治者对兰州的共产党人和进步人士进行疯狂报复，不断制造骇人听闻的大屠杀。据不完全统计，兰州国民党警备司令部稽查处 3 次共杀害了 38 人，国民党西北军政长官公署第二处也将设立在广武门 121 号军统秘密监狱中的政治犯转押到沙沟监狱并杀害了 38 人。据统计，自 1949 年 1 月至 5 月，马步芳军事集团在兰州拘捕无辜群众 3000 多人，不少人被装进麻袋在黑夜里扔进黄河。

1949 年 8 月，短短一个月内，马步芳军事集团就在兰州逮捕共产党员和革命群众 300 多人。为掩盖事实真相，限制群众言论自由，马步芳当局大力控制新闻舆论，规定凡省政府各机关的新闻由甘肃省保安司令部政工处统一发布，凡军事新闻由西北军政长官公署政工处统一发布，新闻从业人员被严加控制，消息不能如实写，社论不能公正地说话，甚至副刊上的文字也要绞尽脑汁地反复推敲。许多记者和编辑因违反所谓的"新闻取缔"禁令被逮捕，有的新闻工作者前一天还在好好上班，第二天就莫名其妙地失踪，从此杳无音信。

兰州解放前夕，反动军阀马步芳垂死挣扎，制造了骇人听闻的"兰州沙沟惨案"，甘肃工委特派员柴学侃，中共兰州西区工委负责人杨国智、王善卿，兰州市学委书记陈仙洲、委员程万里均牺牲于此。解放兰州的炮声越来越近时，正是敌人疯狂杀害共产党员的时候，几乎每天晚上都要杀害中共党员和进步人士，兰州城笼罩在国民党的白色恐怖中。

链　接
兰州沙沟惨案

国民党西北军政最高长官马步芳为实现对兰州的法西斯统治，大搞白色恐怖，在原国民党"军统""中统"等特务机构的基础上，组织大批特务骨干分子实施特务统治。1949 年 8 月初，国民党在广州召开的西北联防会议后，马步芳给兰州城防警备司令杨修戎写了一封亲笔信，信中写道："现在是非常时期，我们对解放军决不能客气，宁可错杀一千，不让放过一人。"按照马步芳的指示，在不到一个月的时间里，杨修戎在兰州城内实施了一场惨无人寰的大屠杀，共逮捕了 300 多名共产党员和革命群众，其中的 76 名共产党员、进步人士惨遭杀害，史称"兰州沙沟惨案"。

第六章　踊跃支前

　　兰州中共党组织为配合第一野战军实施兰州战役,采取各种行动和措施,积极协助和配合,迎接解放。中共皋榆工委按照"思想进城、政策进城、工作进城"的要求,将工作中心由农村转向城市,大力开展统战工作、民族工作、群众工作和情报工作,提前做好内应工作。从秘密接触、交朋友开始,中共党组织通过各种渠道向统战对象讲解解放战争不断向前推进的大好形势以及中国共产党的政策、主张,从而在反蒋爱国的基础上提出行动要求,对国民党正规部队实施策反的同时,加强了对其地方武装如自卫队、保安团的分化瓦解工作,搜集核心军事情报,分三次分别拿到了军事部署图、外围驻军图和据点交通图,为兰州战役的胜利提供了重要的情报。

　　第一野战军兵临兰州城下,中共皋榆工委所属各级组织带领广大群众欢欣鼓舞地迎接解放军,成立协军团动员群众坚壁清野,指定熟悉村庄地形地貌的中共党员带路,并给解放军提供了不少有价值的军事情报;协军团设立支前站,动员群众筹集粮食和猪、羊、鸡等食品,动员支前民工送往解放军驻地和前线,有力地支援了兰州战役。

中共兰州党组织迎接解放大军

在茫茫黑夜、荆棘遍地的年代，中国共产党领导广大人民以敢教日月换新天的胆略和气魄，冲刷着旧世界的污泥浊水，把新思想、新文化撒在了陇原大地，把党的主张马列主义学说传播在人民的心中。

谢觉哉同志到兰州后，在建立抗日民族统一战线的同时，为爱国群众争取民主自由，极力强调唤起民众、发展民运的重要性，提出了发展民运的具体办法，要求给人民以抗日的自由和民主权利，训练一批真正的抗日救亡人才。中国共产党通过发动组织群众，派遣党员和进步青年加入各抗日救亡团体，发挥骨干核心作用等措施，实现了共产党对抗日救亡运动的领导。

1948年4月，中共皋榆工委成立，在今城关区活动的党组织有中共兰州东区工委、中共兰州西区工委和中共兰州市学生委员会等。中共皋榆工委以兰州为中心，在周围县区积极发展组织开展活动，相继建立了6个基层组织，积极组织开展兵运、民运、情报搜集、粮秣征运等工作，组织领导兰州人民进行护厂、护校、保护人民财产的伟大斗争。

1949年初，为配合第一野战军进军甘肃，实施兰州战役，中共甘肃工委及时向各党组织发出指示，要求采取各种行动和措施，积极协助和配合人民解放军进军甘肃，迎接各地解放。为配合第一解放军作战，搞好解放后的城市接管工作，在中共甘肃工委的领导下，组织编印了《甘肃敌兵力调查》《甘肃工业、政治情况及国民党在甘肃的组织活动概况》等资料。中共皋榆工委大力开展统战工作、民族工作、群众工作和情报工作，提前做好内应，工委书记罗扬实为了团结各阶层爱国群众，多次涉险与国民党军政界中上层进步人士频繁接触，并发动广大党员和统战关系，千方百计获取军事、政治、经济等方面的情报，绘制了兰州城防图，成立了协军团，设立了支前站和开展了支前拥军活动。

　　中共皋榆工委搜集核心军事情报，分别搜集到了兰州军事部署图、外围驻军图和据点交通图，安排西北民主同盟盟员康冠五利用其任西北军政长官公署参谋处科长的职务便利，把国民党军队在兰州地区的防御阵地、工事位置以及兵力配置图分3次送给罗扬实；中共皋榆工委所属东区工委党员陈毅生利用各种关系搜集到国民党在平凉、临夏等地驻军、调动等情报；中共皋榆工委党员陆俊林等人还绘制了兰州市内国民党机关、据点、交通草图；中共党员汪治华以国民党兰州自卫队大队副兼中队长的身份经常参加国民党的一些军事会议，主动和国民党城防部队官佐以及特务军官接触搜集了国民党城防设施及驻军情报，由中共党组织派自卫队文书王应蛟迅速转交罗扬实手中进行分析汇总，大量的情报被中共党组织整理成《兰州敌兵力调查》《兰州敌党政军宪特机构》等材料。第一野战军兵临兰州外围后，马步芳集团严密封锁了兰州南山和通往阿干镇的交通要道，中共皋榆工委书记罗扬实装扮成牧羊人，中共党员王受天带领自己的3个儿子，赶上家里的50多只羊作掩护，从后五泉出发，翻山越岭到达阿干镇烂泥沟，在王受天的朋友宋忠正家的窑洞里隐蔽了几天，冒着生命危险，机智地穿过重重封锁线与解放军前哨部队取得联系，并赶到第一野战军指挥部，向彭德怀司令员汇报了兰州的基本情况，呈送了《兰州城防示意图》。

　　中共党组织把兰州市城防自卫队副总队长陈伯鸿、5大队副队长汪治华发展成党员，并在8个自卫大队中的6个大队建立了党的秘密内应关系。随着统战工作的深入发展，中共党组织的同志控制着副队长和班长，使自卫队被中共党组织掌握，成为可靠的内应力量。后来在青马所部从兰州南山各个阵地向城内撤退，第一野战军跟踪追击来到城门前，此时隐蔽在自卫队中的中共党员汪治华率部打开城门与敌人展开激烈巷战，同时迎接解放军进城，配合攻城部队抢占了黄河铁桥，消灭了拥挤在黄河铁桥上的溃兵，截断了敌军的西逃退路。

8月中旬，第一野战军兵临兰州城下，中共皋榆工委所属各级组织带领广大群众欢欣鼓舞地迎接解放军，金崖工委成员会同兰州东区工委回乡的中共党员和进步学生成立了中共皋榆工委协军团，由金崖工委书记陆长林任团长，团部设在金崖尚古城沈秀峰开办的"福元泰"烟坊里。此时，青马所部从陇东向兰州撤退，沿途抢劫民财，奸污妇女，抓兵拉夫，人民群众非常恐慌和痛恨。为了保护群众，协军团动员群众坚壁清野，让青壮年和妇女到山大沟深的北山地区躲避。

8月14日，第一野战军先头部队抵达金崖，协军团在"福元泰"烟坊的大门口公开挂出皋榆工委协军团的牌子，协军团由秘密活动转为公开工作，迅速动员群众支援人民子弟兵解放兰州，组织青年学生日夜赶抄毛泽东主席、朱德总司令发布的《向全国进军的命令》，书写了大量的宣传标语，广泛动员群众，鼓舞士气，并指定熟悉村庄地形地貌的党员带路，给解放军提供军事情报。

兰州人民积极支援前线

8月初，随着第一野战军兵临城下，兰州城内存粮有限，难以支持青马所部在兰州持久顽抗的需要，便派出大批骑兵乘麦收季节到城郊地方抢粮，到处抓兵、抓夫以补充缺额和服劳役，人民群众自发组织起来进行不断反抗。敌人散兵抢粮多是单独行动，到处叫门砸窗，翻墙进屋骚扰，谁抢满一口袋，谁就先进城交差，迟抢到粮的大都在中途住宿，当时，兰州城西崔家崖乱庄街一家小客店便成了敌人散兵强占过夜的地方。时任皋兰县参议会议长的王永图与曾当过皋、榆联防自卫队长的本乡农民崔艺林在崔家祠堂里组织了地方农民自卫队，集合了100多人，缴获了国民党乡自卫队步枪十余支和弹药。地方农民自卫队的队部就设在山嘴的一所学校里，队旗插在校门前，队员崔集贤当壮丁开小差回来时还带来一把军号，每天从早到晚嘀嘀嗒嗒地吹个不停，以张声势。地方农民自卫队员每天分昼夜两班轮流巡查，维持地方治安，抗击敌人散兵骚扰，保障家乡人民财产。抢粮路过的敌人散兵看见山上高插旗帜，又听到军号悠扬，以为是有解放军正规队伍进驻崔家崖，一时不辨虚实，为避免冲突，不敢前来滋扰。

8月16日，榆中解放后，榆中人民在党组织的领导下，投入轰轰烈烈的支前活动中。中共皋榆工委协军团在过店子、齐家坪、金家崖、邴家湾、骆驼巷、黄家庄成立支前站，在金家崖各村设立了粮食保管站和马草运送站，当时金崖一带粮食都还没有打碾，而且绝大部分粮食还成捆地分散在地头，负责筹集粮草的协军团成员动员群众快拉快运快打碾，边碾边送交部队，10天时间为解放军筹集粮食800多石以及一大批猪、羊、鸡等肉食。甘草店支前站向20多家粮店筹粮50多石，在外地预借了60多石，共筹集100多石小麦后立即发动当地的七八家面粉加工作坊昼夜加工，发动有小石磨的农户也帮助加工，同时还准备了大小车60多辆运送粮食。青城支前站在第十九兵团经过青城沿黄河北上时，动员羊皮筏子40多个、木船3艘，选派技术好的86人当皮筏手，护送解放军横渡黄河。

19日，中路第一野战军第二兵团四军所部占领了阿干镇地区，群众拥军热情极为高涨，阿干地区40余名在外地工作、求学的教师、学生回到家乡，自发成立阿干镇支前服务团，准备迎接人民解放军进驻阿干镇。阿干地区支前服务团在华遵舜、赵新帮等人的带领下与解放军政治干部协同工作，组织群众运输组，吸收矿工、农民、商界的百余人参加支前工作。支前服务团还挑选熟悉沈家岭、狗娃山、营盘岭道路和地形情况的人做向导，配合解放军抵近敌军阵地前侦察，人民群众还将国民党军队藏匿的1.5万公斤粮草，及时交与人民解放军。中共阿干党组织动员群众为解放军提供住宿和饮用水，组织群众抢修道路，有3000多农民群众参与抢修阿干镇岘口子坡经柳树湾至沈家岭的行军道路。第一野战军先头部队到达阿干镇地区，阿干各家各户烧水送茶准备食物迎接部队，并协助部队筹集小麦 7.5 万公斤、面粉 4 万斤和猪肉、蔬菜等急需物资。解放军要运送大炮上皋兰山，阿干地区百余名青壮年组成突击队，连夜奋战终抢修到岘口子到皋兰山的道路，把大炮顺利运上去。

兰州市区的中共党员，广泛发动群众，纷纷投入支前热潮，第一野战军围攻兰州期间，许多市民冒着被枪炮打伤的危险做向导。兰州解放后，广大市民热烈迎接中国人民解放军入城，并自发开动机器，恢复生产，全力支援解放军挥师西进。广大市民自发组织，支前民工 8340 人次，牲畜 3863 头，大车 327 辆；动员技师、工人 1900 多人，抢修了黄河铁桥；动员机关、学校万余人抢修飞机场；组成 5 个修理厂，修理汽车 520 辆、坦克 5 辆、大炮 61 门，为部队运棉衣 120000 套，兰州市民运送物资，洗衣、磨面、慰问军队，充分体现了兰州各族人民对解放军的热情欢迎和积极支援。

在兰州战役中，中共中央西北局从山西、陕北、陇东等老区就动员了 15 万群众随队保障，这个数目相当于当时兰州市的总人口。

为了迎接第一野战军解放兰州，中共甘肃工委、皋榆工委发动和组织数以万计的人民群众纷纷参与支前活动，兰州人民积极借粮和加工面粉，杀猪宰羊、烧水送菜，为解放军作向导，热情慰问子弟兵，开展了轰轰烈烈的支前运动。后来，彭德怀在总结兰州战役胜利的讲话中高度评价了西北人民群众为支援前线做出的巨大贡献。

康明德带路抵近营盘岭①

8月17日，皋兰山17岁的小伙子康明德的爷爷怕他被国民党军马步芳集团抓壮丁打仗，打发他与堂叔到皋兰山南面阿干镇马场村的姨奶奶家去躲避一阵子。康明德和堂叔到达阿干镇马场村，发现村里的人纷纷跑路躲进了早年挖煤留下的煤洞子里，他们便找了一处废弃的煤洞躲了进去。

傍晚，康明德和堂叔随一个刘姓小伙子爬出煤洞子去姨奶奶家里拿被褥、锅碗的时候，被国民党保安团当作解放军的"奸细"给抓去，绑在麦场审问。马场村的几位老人联名来"保"，保安团就是不放。后来，一队工兵进到场院，这些人几个月前在皋兰山挖修工事和村民有些接触，其中一个人认出了康明德，并为他们作证，保安团才释放了康明德和堂叔，之后他们便再次躲进煤洞子。

第二天午后，在煤洞子里躲了一夜的康明德，听到不远处的双嘴山方向传来几声枪响。不一会儿，有人在外面喊："出来吧，保安团跑了，解放军来了！"康明德他们试探着钻出煤洞子。解放军见到康明德，和颜悦色地安慰着，一声一个"小鬼"叫着——这种称呼使康明德感到亲切，便大胆地和解放军有了接触。此前，康明德城里的大姨父与中共党员有过接触，说过共产党和解放军的事，对于康明德多少有一点影响。现在，康明德看到解放军这么亲切，便大着胆子把他看到的皋兰山上国民党马步芳军的情况一一告诉了解放军——虽说皋兰山上马步芳布兵多少他说不上，但山上的田地里扎满了帐篷，阵地上筑有钢筋水泥碉堡，各主要高地对外均有一至三道峭壁，壁前挖有外壕，各壕间设有暗堡、地雷、铁丝网等……这些情况，康明德又说又比画，却变得更为直观。

---

① 相关内容参见中广网2009-05-18《兰州战役：解放西北最激烈一战》。

8月21日拂晓，第一野战军对兰州城外围守敌阵地进行试攻炮声、喊杀声震天，漫天的尘土使得天色也变得昏暗。营盘岭上，第一野战军第六军突击队战士踩响地雷，引爆飞机炸弹，爆炸威力十分巨大，好多冲锋的指战员都牺牲了。多年后，康明德回忆当年战斗的情景时，嘴唇微微发抖，语气低缓，"整整一个排，攻上去后，全部阵亡！后面跟进的，也牺牲了不少！"

22日开始，第一野战军兰州战役参战各部队开始细致严密的侦察和总攻前的准备工作。皋兰山南坡，没有官道，大大小小的山路纵横交织，容易迷路，康明德便承担起了为解放军带路的重任。他带一个侦察小队从阿干镇直沟门出发，走了5华里多的山路到皋兰山三营子上庄，接近了马步芳军阵地前沿。解放军战士先挖好一坑，让康明德藏身，同时还有两名战士保护他。之后，解放军便开始秘密挖坑道。多年后，康明德回忆道："他们挖得很快，从唐家湾一直挖到了营盘岭前，这个距离有四五华里。"

8月25日拂晓，第一野战军向兰州城外围阵地发起总攻，数百门火炮猛烈地向马步芳军阵地开火。兰州城东、南、西三面几十里长的地段上硝烟弥漫、杀声震天。康明德回忆道："当时战斗进行得太激烈，解放军子弹打完就拼刺刀、肉搏。好在有先前挖的坑道作掩护，红旗最终插到了营盘岭顶上，一下子就把敌人的军心给打乱了！"解放军第六军占领了营盘岭，一直带着康明德的指挥员指着最大的一个碉堡问他："小鬼，知道这是什么不？这是他们的指挥所，美国水泥造的，炸都炸不烂！"如今这几座碉堡因为坚固而保留了下来，已经成为历史的见证了。

打扫完营盘岭战场，康明德拉上自家的骡子，帮解放军往山下驮运物资。在路上，解放军的一个军官写给他一张纸条，让他以后交给地方干部。康明德回忆说："当时也不知道写的是什么，也没敢打开看。"后来，清扫战场的几名解放军住进康明德家里，聊天的时候，康明德偶然想起了纸条,一名解放军战士看完后告诉他说:"这说明你于 1949 年 8 月 18 日就参加了革命,以后可以拿着这张纸条参加工作。"

8 月 30 日,第一野战军举行了盛大的入城仪式,城内 7 万群众集会,热烈庆祝兰州解放。康明德接到通知带了村庄的 4 个青年进城参加庆祝大会。他回忆说:"台下全是人,张宗逊副司令员在台上讲话,台下掌声和欢呼声一阵接着一阵,我当时也很激动,到现在还记得他讲的一段话:'摧毁伪保甲,建立乡政权,迎接中华人民共和国的成立!'"

9 月 3 日,康明德把解放军写给他的纸条交给了"老九区"(辖皋兰山、阿干镇一带)宣传科科长魏群,他被委任为乡政权筹备委员会财粮委员会委员,负责为解放军拉运粮草物资。乡政权正式建立后,康明德被推举为副乡长兼文书。

1992 年,康明德从城关区林业局党总支书记的岗位上离休。

第七章　试攻受挫

　　第一野战军所部对兰州的国民党军马步芳军事集团形成东、南、西三面包围，但北面退路黄河铁桥仍然在马步芳控制之下，为防止兰州守敌西逃，彭德怀司令员下令部队于 21 日拂晓投入攻击战斗，提前发起兰州战役。第一野战军六十三、六十五、六、四军共 9 个团的兵力，向兰州城外围的马架山、营盘岭和沈家岭三大主要阵地发起攻击。经过激烈的战斗，没有攻下一个阵地，攻击部队遭受重大伤亡，彭德怀当机立断命令部队停止攻击，要求所有指战员认真总结经验教训，分析守敌防御特点，侦察敌情与地形情况，重新调整战斗部署与火力配备，有针对性地改变战术，充分准备后再发起总攻。

　　营盘岭上，第六军五十团突击部队在已经占领的阵地崖坎下筑掩体、挖避弹洞，进行土壤作业，采用贴"膏药"战术，胶着在守敌阵地前沿。指战员们克服了难以想象的困难，坚守在掩体里等待着总攻的时刻。

皋兰山制高点营盘岭

　　兰州，古丝绸之路的重要节点重镇，自古以来就是内地联通中亚地区的咽喉，更是重要的军事关隘，历代属于兵家必争之地，战略位置十分重要。清朝康熙五年（1666 年）陕甘分治，设甘肃行省，省会由巩昌（今陇西）迁至兰州。从此，兰州一直为甘肃的政治、经济、文化中心；清朝乾隆二十九年（1764年）陕甘总督衙门自西安移驻兰州，裁减甘肃巡抚，自此兰州成为西北政治、经济、军事重镇，用以"节制三秦""镇守陇原""怀柔西域"。全民族抗日战争时期，兰州是大西北的军事、政治、经济、交通中心，在地理上为扼制青海、甘肃河西走廊①、新疆及宁夏的枢纽，为中原通往西南、西北的交通要冲，战略地位十分重要，是中国抗战时期物资补给重要的中转站。

皋兰山耸立在兰州城南，西起龙尾山，东至老狼沟，形若蟠龙，"高厚蜿蜒，如张两翼，东西环拱州城（兰州城），延袤20余里"，是兰州一道天然屏障。皋兰山主峰海拔2171米，是兰州城面山最高峰，历来是兵家必争之地，故名营盘岭，其山势险要，易守难攻，北、东、西三面都是悬崖绝壁，难以攀登。因此营盘岭被青马守军号称为"云中炮阵""山顶堡垒"，居高临下，牢牢控制着兰州城。

全民族抗日战争时期，国民党军第八战区司令长官朱绍良以1个工兵团兵力和3000多民工，把皋兰山的防御工事整整修筑了半年多时间。兰州战役前，马步芳又派了1个工兵营和数千名民工再次修筑了3个多月，在皋兰山上构筑了很多坚固的防御工事，盘山公路直通营盘岭，可互相依靠，互相支援。现在皋兰山守敌以这些永久性钢筋水泥防御工事为依托，又不断增补加固，整个山梁筑成了纵深14公里的防御体系，围绕主阵地三营子的山梁，自上而下有环形峭壁3道，每道高约5米，峭壁外挖有6米多宽的外壕；外壕内外均设有铁丝网，布满了小型航空炸弹，每枚炸弹重13.6公斤，炸弹与不同型号的地雷连接成梅花雷或连环雷。守

---

① 河西走廊：位于中国西北地区，地处甘肃省西北部、黄河以西、祁连山和巴丹吉林沙漠中间，东起乌鞘岭，西至玉门关，南北介于南山（祁连山和阿尔金山）和北山（马鬃山、合黎山和龙首山）间，东西长约1000千米，南北宽100~200千米，最狭窄处只有数千米，为西北—东南走向的狭长地带。因位于黄河以西，有两山夹峙，形如走廊，故名河西走廊；因其位于甘肃境内，又称甘肃走廊。

军整个阵地上明碉暗堡火力组成交叉火网，并以可容纳 2 个营兵力的地道相互串通，纵横交错如网状的交通沟，与环形堑壕相接。山顶上的营盘岭设置了地下、半地下的暗堡和主碉堡，核心工事用交通沟与低碉相连，纵横环抱着主碉，各主碉与低碉构成三角或四边形火力网，形成了第一野战军六军攻击道路上难以逾越的障碍。

　　国民党军马步芳军事集团利用兰州城三面环山、北临黄河、工事坚固、易守难攻的地形优势，为确保青海、宁夏、甘肃，并钳制第一野战军主力不能经秦岭下四川，制订了"兰州决战计划"，企图三路夹击第一野战军，策应南方战场。马步芳对兰州的防务形成了城郊五大战场及远郊 3 处布控，将其主力几乎全部布防在兰州城外围，并让其子第八十二军军长马继援亲自坐镇指挥，其部署为：第八十二、一二九军又 2 个骑兵师、3 个保安团共 5 万多人据守兰州城，兵力重点分布在城南的马架山、营盘岭、沈家岭一线；第九十一、一二〇军和马鸿逵部第八十一军共 3 万余人，部署在兰州东北的靖远和景泰沿黄河两岸地区，以保障兰州左翼安全，并相机侧击第一野战军；新编骑兵军防守于洮河、临洮地区，以保障兰州右翼安全。马步芳军事集团用欺骗手段煽动狭隘的民族情绪，极力向各族群众灌输仇恨共产党、解放军的思想，处心积虑地策划了利用少数民族反对人民解放军的政治阴谋，妄想把它作

当年营盘岭上守敌碉堡遗迹

为抵抗第一野战军的第二道防线。参加国民党政府召集的西北联防会议后，马步芳提出保卫大西北、保卫家乡、保卫宗教、破产保产、拼命保命的"五保"口号。兰州战役前，接受蒋介石亲自召见的马步芳口出狂言："我不仅要保住兰州，而且要直下西安"，要"挽狂澜于既倒，定乾坤于西北"。马步芳父子还吹嘘"兰州是攻不破的铁城"。

第一野战军攻打兰州的兵力部署是：第十九兵团六十三军一部进攻兰州城东的东岗镇一带并在响水子沿河警戒，第六十五军及六十三军之一部进攻马架山敌第一〇〇师阵地，歼灭当面之敌后，向兰州城东关一带发起进攻；第二兵团六军进攻营盘岭敌第二四八师阵地，而后向兰州城南关一带发起进攻；第四军向沈家岭和狗娃山敌第一九〇师阵地进攻，而后向城西关一带发起进攻；第三军向七里河一带进攻，并以第七师配合兄弟部队攻击狗娃山，得手后沿黄河南岸东进，夺取黄河铁桥，第九师攻占七里河地区并配合第七师夺取西关，控制铁桥，第八师封锁兰新①公路。

第六军的部署是以第十七师五十团为主攻，由南向北从正面进攻三营子；五十一团担任助攻，由侯家峪从西向东进攻三营子；四十九团为第二梯队，随五十团跟进；第十六师以四十六团主攻，四十八团为预备队，攻击营盘岭东南阵地。

西北战场一场前所未有的恶战，就要在兰州城展开。

---

① 兰新公路：1938年5月开始修筑的从新疆古驿道进入安西、玉门、嘉峪关、酒泉、武威、河口到兰州的公路，是西北联系内地的主要通道，也是当时中国唯一的国际交通线。

"贴膏药"：胶着在敌阵地前沿

　　攻击兰州城南大门皋兰山主峰营盘岭的第六军十七师五十团指战员，在团长刘光汉、副团长杨怀年的指挥下直扑营盘岭脚下的下庄，英勇的战士们犹如下山的猛虎，一跃而起，拿着手中武器，向敌阵地投掷手榴弹，同敌人争夺着三营子的第一道外壕。战斗打响后，在守敌的第一道外壕前的开阔地双方互相争夺，第五十团三营一马当先协同第一营迅速占领了下庄，担任夹攻任务的第六军十六师四十六团从范家营方向插了进来，向敌军阵地发起猛烈的攻击。由于第六军的炮火只摧毁了营盘岭守敌暴露在阵地前沿的工事，未能摧毁隐蔽的暗堡，当第六军炮火转移时，狡猾的敌人从暗堡里钻出来拼命用火力拦阻，使第五十团担任爆破的部队难以接近峭壁，无法实施爆破，整个部队攻击受阻。

　　第六军军长罗元发得到报告后，当即打电话询问情况，第十七师师长程悦长报告说："敌人火力太猛，部队前进受阻，正在重新组织火力再次突击。"第十六师师长吴宗先也在电话里报告说："四十六团部队正面受到敌人阻击，地形不利，在运动中又受到三营子和马架山守敌火力的射击，伤亡较大，第一营副教导员李光华同志牺牲了。"听到这些消息，罗元发知道遇到了顽强抵抗的敌人。此时，营盘岭西边沈家岭、狗娃山和东边的马架山战斗也非常激烈。面对这种情况，指挥部里每个人都很着急，究竟是继续打还是改变主攻方向？如果再继续打下去，必然招致重大伤亡，而且难以得手；假若撤下来，势必影响全局……

　　营盘岭激烈的争夺战持续到夜晚，部队的伤亡越来越大，第五十团三营七连指导员曹德荣把部队分成两个梯队，不断向三营子前沿阵地冲击，攻占了敌人1公里多长的阵地时再次遭到敌军地堡里火力的疯狂阻拦。当曹德荣带领战士们接近三营子大峭壁时，他身上多处负伤，仍然顽强地带领战士们占领了距敌人主阵地只有30多米的一处工事，与守敌形成对崎之势。之后，七连一个排在已经占领阵地崖坎下筑掩体、挖避弹洞，进行土壕作业，采用"贴膏药战术"，胶着在敌人阵地前沿，任凭敌人密集地打枪打炮，投手榴弹，英雄战士们坚守着阵地，一步也没有后撤。

陈全魁带领七连三排冲到敌人第一道防线附近，占领了皋兰山的下庄，把鲜红的战旗插在占领阵地上的时候，七连一排和兄弟部队也占领了东至三营子涝池、西至二营子方向约1公里长的狭长地带。此时，敌人被突如其来的攻击和飘扬在阵地前的红旗吓破了胆，急忙集中轻重机枪火力、手榴弹和六〇炮弹，疯狂向一排占领的阵地倾泻，一排和兄弟部队被迫撤离。当陈全魁带领三排从西侧冲上一排撤离的阵地时，失去炮火支援，处境十分险恶。面对守敌"铁阵"前的孤军奋战，陈全魁说："全排指战员严峻考验的时刻到了——阵地不能丢，哪怕只剩下一个人，也要坚守住阵地。"全排战士奋勇抗敌，始终坚守着阵地。

夜晚，皋兰山上变得异常寂静，只有守敌阵地上闪烁着或明或暗的火光。陈全魁与副排长到各班检查，发现全排还有37名战士坚守在阵地上，立即重新进行了战斗部署，3个班分别把守3个据点。七连在窑洞附近把守，防止敌人从窑洞后的堑壕里出来袭击；八班防守粮食场上敌人的反扑；九班在窑洞西南角设防，防止敌人偷袭。在陈全魁的指挥下，全排每个班都在自己的防御工事前堆放了炸药和集束手榴弹，时刻准备着和敌人同归于尽。敌人把蘸着汽油的火把扔到三排阵地前，霎时阵地变成一片火海，接着敌人的手榴弹、枪弹雨点般地落到三排的阵地上，树枝被打断了，泥土被烧焦了。敌人呼喊着，火把燃烧完了接着扔火把，扔手榴弹、打枪。居高临下的敌人打打停停，停停打打，一直折腾到天亮，但就是不敢下来。三排的战士们蜷曲在避弹洞内紧握手榴弹，端着刺刀，随时准备和敌人进行生死搏斗。第三排的阵地受营盘岭守敌的火力封锁，饭、水都送不上去，战士们没吃没喝，但情绪高昂，斗志旺盛，使用"贴膏药战术"，疲劳敌人，为总攻做准备。

8月22日，排长陈全魁发现粮食场上的敌人蠢蠢欲动，随时都有冲下来的可能。粮食场是八班的防守据点，距离敌人阵地只有50多米，扇形的射击观察孔挖在粮食场的墙上，如碉堡的枪眼一样外大内小，扇形面向外。敌人集中火力封锁了八班的观察射击孔，陈全魁果断改变了射击观察孔的形状，带领战士们重新在墙上挖了5个内大外小的观察射击孔，扇形面向内，暴露在墙外的只是比鸡蛋略大的小孔，战士们便于观察到敌人动向，而敌人看不到八班。陈全魁从改变后的观察孔里清晰地看到敌人正在伸着脖子向三排阵地窥视，他指挥战士们打一枪换一个地方，接连打死七八个敌人，守敌只好缩进碉堡里不敢轻举妄动了。三排37名勇士在营盘岭守敌鼻子底下坚守阵地，以惊人的毅力和顽强的斗志，克服了难以想象的困难。夜间，冷风飕飕，发起攻击时只着单衣的战士们腿蜷曲在避弹洞内，半个身子露在外面，任凭风吹雨淋，始终警惕地监视着敌人的动向。

23日，七连三排阵地上粮尽水绝，战士们干渴难忍，饥肠辘辘。陈全魁几次派人到三营子东侧的涝池取水，由于敌军火力封锁都没成功，派战士利用敌人夜间停止攻击的空隙摸到阵地前的洋芋地里，捡回被炮弹打翻出来的洋芋。为了避免被敌人发现不能生火，战士们只好啃着又苦又涩的洋芋蛋充饥解渴。

程悦长师长用望远镜观察到敌人阵地下七连三排的情况，立即命令侦察员于夜间摸到三排阵地和陈全魁取得联系。深夜，兄弟部队接管了三排阵地，陈全魁带领战士们回到连队，受到了程悦长师长的通令嘉奖。

接替七连三排阵地的指战员，一面还击袭扰的敌人，一面努力挖战壕，近迫作业，不断地逼近守敌阵地。他们以惊人的毅力和顽强的斗志，克服难以想象的缺水少粮等困难，始终牢牢地"钉"在营盘岭守敌的阵地前，等待着总攻时刻到来，等待着冲锋陷阵……

总结经验教训　准备发起总攻

第六军向营盘岭发起的试攻，虽然没有突破马步芳部营盘岭阵地，但战士们创造的"贴膏药战术"已有一个排贴到敌军营盘岭阵地前沿，无疑是给守敌埋伏了一个威力巨大的定时炸弹。

第一野战军向兰州以南的马架山、沈家岭等战略要地发起的试攻，不仅无进展，反遭较大伤亡，除第四军十师突破狗娃山敌军前沿阵地外，其他守军阵地均未突破，攻击部队全线出击受挫。彭德怀司令员当即决定全线暂停进攻，向中央军委电告试攻兰州情况，并以第一野战军司令部名义向参战部队发出进攻兰州的战术指示，要求参加解放兰州的部队坚决克服轻敌思想，要充分利用 3 天的时间进行总攻准备，要求指挥员告诉部队要沉住气，总结经验教训，仔细研究守敌战术，扎扎实实做好准备工作，待命向敌军发动总攻。

8 月 23 日，第十七师召开营以上干部扩大会，程悦长师长传达了彭德怀司令员的指示，总结了试攻的经验教训，详细介绍了营盘岭守敌的火力部署，分析了敌军的战术。大家踊跃发言：

"开阔地上进攻，伤亡大，冲锋出发地又不容易找，不如挖几条对壕（交通壕，上铺门板、泥土覆盖）延伸到敌人阵地下，攻击时就可猛然出现在敌前。"

"要用炮堵截敌人的环山公路，使敌人反扑不成。"

"光靠炮还不行，要组织连续爆破，炸开敌人阵地前的陡壁，我们的攻击部队才好一拥而上。"

……

这时，第一野战军总指挥部打来电话，说派一个榴弹炮营来支援第十七师，每门炮的基数可以打到 30 发（过去只有 3 发），真是一个好消息，会场上立即沸腾起来。副师长站起来说："我来掌握炮，把敌人的火力点都编成号，要打哪号就打哪号，保证攻击部队顺利进攻。"

五十团三营教导员说："我们七连已有一个排贴到山上去了，请师首长允许我们七连担任连续爆破，保证给攻击部队打开突破口。"

二营营长说："七连爆破，我们四连担任主攻，就是上刀山也要攻上去。"

程悦长说："我亲自到五十团去，帮你们做好攻击准备工作。"

师政治部主任说："我和组织科长一道去五十团，帮助做好支部工作。"

师卫生部长也表示要做好前方救护和保证给养的工作。

会议把各方面的力量，把每个人的智慧都动员和集中起来了，这次诸葛亮会、战斗动员大会，使十七师指战员群情振奋，斗志高昂，一扫试攻受挫的沉闷气氛。接着，各个团相继召开连以上干部扩大会，程悦长参加了五十团的分析动员会，他问道："五十团的指战员打反扑还怕不怕？"大家齐声回答："首长看这次吧，一定要保持住咱团这面红旗插上皋兰山，解放大西北！"程悦长来到三营七连，正遇到指战员背着炸药包练习连续爆破，便鼓励说："同志们，好好练习，要保证把敌人据守的营盘岭炸塌。"战士们说："保证炸开一条大道，让山炮都能拉上去，好打兰州城的敌人。"

旁边一个战士补充说："保证汽车也能开上去，拉我们进城消灭残敌！"

……

傍晚，天下起蒙蒙细雨，漆黑的夜伸手不见五指。听说总部的榴弹炮营来了，十七师直属队全体人员都乘黑出动，抢修道路，十三四岁的小宣传员、轻伤病员都参加了修路的行列，让火炮能进入阵地。路上很滑，拖拉大炮的骡马牵不上去，指战员齐心协力用人力把大炮队推到阵地上。

第一野战军试攻虽然受挫，但查明了兰州守敌的守备兵力、指挥系统、火力部署和工事配备，也发现了突击部队在进攻中的薄弱环节，对夺取总攻胜利创造了条件。

　　经过连续两天的准备，第六军各部进行了深入的政治动员，认真检讨了试攻受挫的原因，总结了经验教训。通过仔细地侦察地形，反复摸清道路，进行沙盘作业，开展军事民主会，找出攻击敌人的战术，组织力量挖交通沟改造了地形。恰逢秋雨连绵，部队在山坡上、沟洼里挖洞避雨和住宿，粮食奇缺，但指战员们克服了重重困难，争分夺秒地进行着战前准备工作。

　　与此同时，"青马"马步芳对"宁马"马鸿逵、胡宗南集团按兵不动极为不满，以十万火急电告国民党中央政府："窜洮河西岸临夏附近之共军第一、二军，此刻正向永靖、循化进犯，患在腹心，情况万急！如陕署、宁夏友军及空军再不行动协歼，深恐兰州、西宁均将震动，千钧一发，迫不及待！务请火速分催，不再迟延。"当日，马步芳自兰州乘飞机仓皇逃回西宁。逃离兰州时，马步芳叮嘱其儿子马继援说："尕娃，记住了——如马鸿逵、胡宗南及空军再不来援，即保存实力，撤守青海。"

　　24日深夜，国民党甘肃省政府撤离兰州，300多名党政官员乘车向河西走廊逃窜……

第八章　血染战旗

　　皋兰山是兰州城南天然屏障，国民党军马步芳集团在山上修筑有以钢筋水泥碉堡为核心的坚固防御工事，整个山梁筑成了纵深14公里的"永久性"防御体系，守军为青马第二四八师5个团约5000人。

　　8月25日，第一野战军第六军对皋兰山主峰营盘岭发起攻击，炮兵集中火力猛烈总击，步兵发起冲锋。守敌集中了约一个团的兵力反扑，担任营盘岭主攻任务的第六军十七师五十团三营七连强行爆破，炸开了哨壁，五十团的突击部队占领守敌第一道防线并阻击了敌人4次反扑，接着占领第二道防线时，守敌乘五十团突击部队立足未稳，连续组织7次猛烈反扑。13时，第六军五十团经过顽强的浴血奋战，攻克了守敌两侧的集团工事；第四十六团炸开了守敌最后一道哨壁，并于14时突破守军第三道防线，乘势扩张战果。当进攻营盘岭主碉堡时，第六军突击部队已经伤亡过半。16时，罗元发命令第六军所有的后续部队全部投入营盘岭战斗，随之三面红旗相继竖起在敌人阵地上，但旗杆被打断，红旗落下来；又竖起又落下，再竖再落下。红旗七落七升，每一次起落，都有一批战士倒下，枪林弹雨中，鲜艳的红旗终于插上了敌人的主阵地。17时，马步芳集团防守营盘岭残兵败将完全溃退，第六军占领营盘岭，兰州的南大门终于打开了，在营盘岭弥漫的硝烟中，鲜艳的红旗猎猎招展。

第一野战军全线发起总攻

8月25日5时50分，兰州上空雨过天晴，夜空里点点繁星闪烁，皋兰山上平静得出奇，稀疏的枪声也听不见了。经过第一野战军第六军阵地前沿部队的连夜袭扰，守敌已经疲惫不堪，眼下正蜷缩着身子做着黄粱美梦。敌人何曾想到在静静地营盘岭下，第六军指战员杀敌复仇的火焰正在熊熊燃烧。此时，第六军十七师五十团突击队已经神鬼莫测地接近到营盘岭前沿阵地，并在堑壕底下埋下了成吨的爆破炸药。

6时整，3发红色信号弹腾空而起，第一野战军第二、十九兵团发起了兰州战役的全线总攻，炮火开始对国民党军马步芳军事集团在兰州城南的马架山、窦家山、营盘岭、沈家岭、狗娃山阵地的固定目标实施摧毁性打击。隆隆的炮声划破黎明前的寂静，震撼着沉睡的山峦，第六军各师炮兵阵地吐出一串串火舌，霎时间，整个皋兰山发出惊天动地的巨响，震得大地微微颤抖。榴弹炮、山炮、野战炮、战防炮、迫击炮、六〇炮向营盘岭东西南三面环形阵地上的敌人猛烈射击，一条条火舌带着指战员们的深仇大恨飞向了敌人阵地，升起蘑菇云似的火焰。第六军的炮火以绝对优势压倒了营盘岭守敌还击的火力，震耳欲聋的炮声中，敌人阵地上硝烟滚滚、火光冲天，指战员们不断拍手欢呼："打得好！打得好！"经过第六军30分钟猛烈的炮火轰击，营盘岭上守敌的炮兵变成了哑巴，阵地上血肉横飞，一片混乱。

6时30分，在漫天的硝烟中，嘹亮雄壮的冲锋号吹响，第六军炮兵延伸射击，工兵分队在步兵的掩护下在敌军阵地前沿实施爆破，为步兵的冲锋开辟道路。随着一连串的爆破声，工兵部队成功地炸开营盘岭守敌阵地的外壕，打开了一个突破口。在强大的炮火支援下，第十七师五十团迅猛出击，直逼营盘岭守敌前沿阵地。此时，三营七连一个排像膏药一样贴在敌人阵地前沿，已炸开了眼前的陡壁；第十六师四十六团也发起攻击，紧密协同第十七师五十团突击队直扑营盘岭下的下庄村，并迅速与几天来坚守阵地的第七连那个排会合后，立即向营盘岭守敌前沿阵地冲击。守敌困兽犹斗，从地堡里爬起来抵抗，第五十团突击队轻重机枪一齐向敌人猛烈开火，枪声、炮声、手榴弹和炸药包的爆炸声响成一片，一场血战开始了……

曹德荣舍身开辟冲锋道路

第六军十七师五十团突击部队冲到营盘岭守敌第一道峭壁下，守敌凭借有利地形和钢筋水泥暗堡拼命抵抗，突击部队几次爆破和攻击均未能扩大突破口，被阻在敌军工事前沿。此时，敌人疯狂反扑下来，投掷的手榴弹、手雷像下雹子一般倾泻而下，冲锋在最前面的第三营七连连长赵云章和指导员曹德荣率突击队英勇反击，有的战士被震得鼻子、耳朵和嘴巴出血昏过去了，被枪炮声和喊杀声震醒后又爬起来再次冲锋；有的战士负伤了满身是血还在冲锋。营盘岭守敌的"飞雷"呼隆隆地落下来，剧烈的爆炸声在阵地上卷起尘土与火光，封锁住了突击部队勇士们冲锋的道路，攻击到峭壁前沿的第五十团4个连队的指战员暴露在敌人的火力之下，形势异常危急。

在这千钧一发的危急时刻，第六军军长罗元发在军指挥所当即抓起电话下令炮兵："炮火压制敌人！"顿时，第六军所部阵地上一阵排火炮轰鸣，一串串扯着亮光的炮弹呼啸着飞向营盘岭守敌的阵地，压制敌人的火力。第五十团团长刘光汉立即命令第三营七连突击炸开前面的陡壁，打开前进的缺口。第七连指导员曹德荣把第一排分成两个梯队，在火力的掩护下，每人扛15公斤炸药包隐蔽地向峭壁接近。排长陈全魁带领第一梯队很快冲了上去，并迅速找到有利地形把炸药包码放在峭壁下，第二梯队隐蔽在山腰间等待爆破成功后冲进缺口消灭敌人。

交战双方炮火轰鸣，营盘岭上燃起一片火光，弹片在空中横飞，撞碰着，炮弹掀起的泥土、石块高高扬起又纷纷洒落。第七连一排冲击到峭壁下的几个战士当场牺牲，排长陈全奎也负了重伤。此时，第七连副连长刘栓牛匍匐跃进距敌火力点40米处隐蔽观察敌人阵地，发现敌人有3挺机枪居高临下封锁着峭壁前的开阔地，便对第九班班长周长发说："火力封锁敌人机枪！"周长发和重机枪手朱鸿武当即用火力封锁敌人火力，战士何德有怀抱炸药包迅速接近敌人峭壁，战士张小山、谭克成也随之接近峭壁，几人连续进行爆破，炸塌了峭壁的一角。此时，曹德荣带第二梯队战士冲向峭壁时，不幸身负两处伤，看到连续爆炸的战士一个个倒下去了，但峭壁尚未炸开，部队的伤亡还在不断增加时，他不顾自己的伤痛扔出两颗手榴弹，趁着浓烟升起的一刹那间，抱起3个炸药包，左翻右滚，终于带着一个战士靠近了峭壁。营盘岭守敌的峭壁，削得如同墙壁光滑，炸药包没有支架安放，爆破时无法发挥威力。情急之下，曹德荣大吼一声："快撤！"随之推开靠近峭壁的战士，便双手托起炸药包死死地按在崖壁上，毅然拉开了导火索……随着"轰！"的一声巨响，峭壁炸开了，敌人的防线被炸开一道斜坡，指战员们从曹德荣炸开的缺口往上冲，呼喊着："同志们，为指导员报仇！"冲入敌军阵地，迅速占领了营盘岭守敌的第一道防线。

防守营盘岭的敌人纷纷后退到第二道防线以内，并开始组织反扑，妄图夺回失去的阵地。第五十团三营突击队指战员心中燃烧着为曹德荣报仇的怒火，冲向敌军阵地，第一、二营紧随着勇猛冲击，连续打垮敌人7次反冲锋，歼灭了守敌的有生力量，夺取了三营子阵地。战斗中，第二营二班长陈向礼看到部队攻击前进的路线缺口小，攻击受阻，便当机立断抱起炸药包实施成功爆破，扩大了缺口，扫清了指战员出击的障碍，使第二营迅速攻占了外壕。第二营与第一营齐头并进向营盘岭冲击攻击中，战士李振元负伤了，依然跟随部队冲锋，当他发现交通沟里有敌军在负隅顽抗，大喊一声："缴枪不杀！"便纵身一跃按住了正欲投掷手榴弹的敌人，展开肉搏，消灭了敌人。

在第五十团指战员一次次冲锋中，营盘岭阵地前躺满了一具具敌人的尸体……

火线指战员在冲锋陷阵，后勤保障根据作战的进程、各部队的需要，及时安排好武器弹药的补充、粮食的供应和伤员的后撤。第六军后勤部长郑云彪组织全军的后勤人员到榆中各地区筹集了粮食，将各种物资、弹药及时运送到前线，并把民工、支前担架分配到各师的阵地上。人民群众组成担架队连续不断地将伤员送到营盘岭下救护所，医护人员给予及时救治，不时有炮弹落到救护所、支前站附近爆炸，但医护人员和支前群众不顾危险，争分夺秒地抢救着伤员，运送着火线急需的弹药……

曹德荣为突击队开辟了前进的道路后，第十七师突击部队向敌人阵地纵深攻击的时候，第六军十六师四十六团三营第七、八连爆破组也先后5次用15公斤炸药实施爆破，第一道外壕全部炸开，冲锋部队突破了营盘岭守敌的前沿阵地。冲锋中，第四十六团三营指导员刘志刚一条腿被炸断，趴在土堆上，仍然坚持向敌人射击；排长王喜贵身负重伤也不下火线，带着突击组由十七师右翼冲进敌阵，在占领敌人第一道防线后坚守阵地4个多小时，先后阻击了敌人4次反扑。第十六师四十六团的连续爆破，有力配合了第十七师五十团的进攻。

第十七师指战员发起一次次猛烈冲击后，五十、五十一团先后占领了营盘岭守敌第二道防线。此时，狡猾的敌人趁第十七师部队立足未稳又猛扑过来，抢夺了第十七师五十一团阵地，并对第五十团形成包围态势，危急关头。程悦长下令绝地反冲击，在友邻部队第十六师支援下，五十、五十一团奋力反击，经过一场激烈的争夺战，夺回了被敌人占领的阵地。不甘心失败的敌人，在督战队的驱使下，发起一次次的疯狂反扑，被第十七师指战员一次次打退了……

前赴后继红旗插上营盘岭

25 日 12 时许，兰州战役各个战场上，战斗异常激烈。第六军右翼的第六十五军打垮了马架山敌人十余次的反扑，左翼第四军攻占了狗娃山，但攻击沈家岭的战斗正处于胶着状态。此时，第六军在营盘岭与守敌反复争夺阵地的战斗中，部队伤亡不断增加，有的连队建制也被打乱。为了夺取皋兰山制高点营盘岭的主阵地，第六军军长罗元发及时调整部署，要求各师、团严密组织火力，做好步炮协同，向敌人主峰阵地营盘岭进攻时采用纵深梯次进攻方法逐个占领、逐个巩固，稳步前进。

12 时 30 分，第六军开始向营盘岭守敌顽固堡垒发起攻击，第十七师师长程悦长命令预备队第四十九团投入战斗，在炮火的掩护下，第四十九团沿第五十团开辟的通道口冲入敌阵，指战员们一个战壕一个战壕地拼杀。当突破营盘岭守敌第二道防线后，敌人居高临下组织了两个整连队的反扑，继而又组织两个整营的 7 次反扑，均被第四十九团英勇顽强地打退，牢牢地巩固了已经占领的阵地。此时，营盘岭纵深阵地的守敌，利用交通壕的掩护，又对第五十一团占领的阵地组织数次反扑。在敌军密集的反扑中，第五十一团阵地一度被敌人突破，指战员们殊死反击，经过浴血奋战又夺回了阵地。第十七师指战员顽强地抗击着敌人一次次的疯狂反扑，牢牢地坚守住了阵地，一鼓作气发起冲锋，第五十一团从营盘岭西侧发起猛攻，第十六师四十六团及时配合从营盘岭东侧冲击，全线向营盘岭守敌阵地再一次发起猛烈冲击，完全占领了敌人第二道防线。

13 时，第十七师五十团攻克了营盘岭守敌两侧的集团工事，在第十六师四十六团配合下，炸开了敌人最后一道峭壁，并巩固了已经占领的阵地。

14 时许，经过浴血奋战，第十七师五十团突破了营盘岭主峰守敌的第三道防线，第十六师四十六团乘势跟进突击，扩大战果。战斗至 15 时后，第六军所部完全攻占了皋兰山三营子，歼灭守敌 300 多人。

16 时，第六军所部对皋兰山主峰营盘岭发起最后的攻击，罗元发命令全线出击夺取敌人最后一个顽固堡垒。第六军阵地上万炮齐发，敌军阵地上浓烟滚滚，燃起一片火海，在嘹亮的冲锋号声中，全军指战员奋勇出击，涌入敌阵，三面鲜红的旗帜先后在营盘岭竖起了，但刚刚竖起旗杆就被敌人枪弹打折，红旗落了；红旗又竖起了，又落下；再竖起，再落下……战火中，第六军冲锋部队的红旗已经反复起落 7 次了，每一次起落都有指战员在流血牺牲。第五十团旗手刘玉才身负重伤怀抱红旗牺牲了，排长陈全魁带领五班副班长钱二虎接替旗手刘玉才怀抱红旗站立在营盘岭主峰上。

17 时，守敌营盘岭阵地全部被第六军占领了，不甘心失败的敌人在第二四八师师长韩有禄亲自督战下，组织两个整营的兵力从二营子方向反扑上来，指战员英勇反击，把敌人赶下二营子，迫使皋兰山敌军全线溃退。第六军指战员乘胜追击，相继向二营子、头营子的敌人纵深阵地追歼残敌……

残阳如血，营盘岭的硝烟还是遮天蔽日，枪炮声震耳欲聋。在营盘岭西边的沈家岭、狗娃山和东边的马架山方向，还响着炒豆般的枪炮声。但皋兰山营盘岭阵地被第六军攻克后，马步芳军事集团二营子、头营子阵地上的敌人已经失去控制，纷纷溃逃，退下了皋兰山。

面对第一野战军的凌厉攻势，坐镇兰州指挥的马继援眼看兰州难保，决定趁夜暗秘密撤退青海。当晚，皋兰山二营子和头营子均被第六军占领，敌人全线溃退，争相夺路逃跑，罗元发即命令所部沿皋兰山追击逃敌，攻占兰州城区直捣黄河铁桥。

第六军十六师穷追猛打溃败的残敌，第四十六团攻击至飞机场后，第一营三连机枪手杨全党端起机枪不停地扫射，消灭了一排排敌人，机场跑道、草坪上敌人尸体压尸体。第四十六团歼灭敌人数百人，完全控制了飞机场后，继续向大雁滩与小雁滩地区攻击前进；第四十七团沿皋兰山盘山公路直奔黄河铁桥；第四十八团进入兰州城西直插黄河边追歼溃敌。

与此同时，第十七师所部已沿兰阿公路①长驱直入兰州城，扩张战果……

乘胜追击歼残敌

26 日 0 时，第一野战军司令员彭德怀就兰州战况和歼敌援军部署致电毛泽东主席。彭德怀在电报中说，第一野战军攻城部队 25 日拂晓对兰州守敌发起攻击，与敌人恶战一天，双方伤亡相等，现在马鸿逵部 4 个军8 万人正倾巢支援兰州，似乎有放弃宁夏的企图，根据目前的形势，第一野战军准备留第六十二军驻守临夏，第一、二两军东移参加打击增援兰州的宁夏马鸿逵部。

1 时，毛泽东主席致电彭德怀、张宗逊并贺龙、习仲勋。毛泽东主席在电文中充分肯定了第一野战军在 25 日攻打兰州城的战绩，对参战部队构筑坚固防御阵地、打援、攻城及中共中央西北局做好后勤保障作出了具体指示，并要求第一野战军十八兵团为策应兰州战役全力向胡宗南部所在的空隙地区举行袭击，确保天水及西兰公路运输的安全。

---

① 兰阿公路：兰州市区至阿干煤矿石门沟的公路，在皋兰山与沈家岭梁之间，在狭窄的河谷中，顺雷坛河（也称阿干河、水磨沟）可延伸至榆中南山一带。

1时30分,第一野战军第三军从西关攻入兰州城内,展开巷战;第四、六、六十三、六十五军相继入城,追歼兰州城内残敌。

2时许,第一野战军第三军攻占兰州城西关,火力控制黄河铁桥,堵死了兰州守敌退路。第三军七师师长张开基、政委梁仁芥向彭德怀司令员汇报攻占城内一些要点并夺取了铁桥。彭德怀表扬了第三军机动灵活,作战勇敢,并命令第三军一定要把黄河铁桥守住,组织好火力,扩大战果,不使溃敌逃掉,彻底消灭东校场的敌人。

此刻,防守兰州的马步芳军事集团官兵只顾逃命,你推我搡,有的大打出手,有的高声叫骂,谁也不管谁。黄河铁桥上,黑压压一片溃军,败逃的敌人竞相夺路,挤得密不透风。第七师十九团三营以八连为突击队,由连长许世奎带领当即集中全连4挺机枪、3门小山炮和8支冲锋枪在黄河铁桥头猛烈扫射,顿时,密密麻麻的敌群成片成片地倒了下去……桥上人挤马踏、车辆堵塞,有一辆载重汽车开足马力冲上桥面中央时被炮弹击中,装载着弹药的汽车爆炸声和汽油的燃烧冲入云霄,火光照得桥上桥下一片通明。第八连突击队冲到桥上大喊:"缴枪不杀!解放军优待俘虏!"夺路而逃的敌人把许世奎踩踏在铁桥上,不幸牺牲,排长张金生接着指挥突击队继续战斗,敌军抢起大刀喊:"弟兄们,不要听共产党军队的,抓住是死,拼命也是死,拼啦,天门开啦,死了升天啦……"桥头展开了一场血淋淋的白刃格斗。第三营教导员杨文贵已指挥部队巩固了桥头阵地,并以火力牢牢控制住整个铁桥,残敌才无可奈何地陆续举起双手……

26日晨,第六军进入兰州城内,同第二兵团三、四军和第十九兵团六十三、六十五军部队胜利会师。

11时,第二兵团经过激烈巷战后,越过铁桥占领白塔山。

12时,第二兵团与第十九兵团共同肃清了城内残敌。至此,被国民党倚为金城汤池的兰州宣告解放。

兰州战役,第一野战军歼灭马步芳精锐的一〇〇师、二四八师,一九〇师大部,新编第一师、三五七师各一部,甘肃保安一团、四团及青海保安一团全部;歼敌共计27160余人,余部全部溃散;缴获各种火炮126门、炮弹15000发,各种枪6766支、子弹170000发,电台9部,报话机7部,电话机53部,汽车40辆,骡马2413匹。

在兰州战役营盘岭战场上,第六军无数英烈血染黄土地。

第九章 浴血荣光

第六军在营盘岭战斗中，共计毙俘敌 3105 人，其中第十七师在攻击营盘岭和三营子战斗中击毙、击伤、俘虏敌人 1725 人，第十六师在整个兰州战役期间除击毙敌人外仅俘虏敌人就达 2500 多人。

为了兰州人民的解放事业，第六军指战员前赴后继、浴血奋战，近千人牺牲，2000 多人负伤。其中，第十七师就伤亡 1235 人，第五十团伤亡 668 人，牺牲的营级干部有第二营营长石长河、第一营副营长崔文海和三营副教导员郭振英共 16 名连级干部，第三营下战场时仅剩 2 人，突击队第七连除送往医院治疗的 20 余名重伤员外，全部牺牲；第十六师四十六团三营七连 170 多人下战场时只剩下 7 人，第一营二连战斗结束时全连只剩 30 多人。六军指战员英勇奋战、冲锋陷阵，无数英烈前赴后继、甘洒热血，可歌可泣的光辉事迹将永垂青史！

"英勇顽强夺取皋兰山"的第五十团

担任营盘岭主攻任务的第六军十七师五十团，是一个有着英勇善战光荣历史的部队。全民族抗日战争时期，为八路军一二九师三八六旅的新一团，1938 年香城固战斗中，有过夺取日寇山炮的辉煌战绩；1940 年百团大战为三八六旅十六团，在攻克正太线上卢家庄日军据点时担任主攻团，英勇顽强，攻无不克；在 1943 年通过日军封锁线的战斗中，出奇制胜歼灭了日军一个军官参观团；奉调陕甘宁边区，保卫党中央，保卫毛泽东主席，保卫边区后，于1945年8月攻克爷台山，为保卫陕甘宁边区做出了贡献。解放战争期间，为西北野战军新四旅十六团，参加了保卫延安的"三战三捷三役"（青化砭、羊马河、蟠龙），在陕北、沙家店、宜川、西府、渭北、扶眉战役中斗志旺盛，能攻能守。

在兰州战役中，8月21日试攻受挫，23日召开第十七师营以上干部会议，第五十团干部求战心切，斗志昂扬，纷纷向师首长表态，要继续当主攻团，做突击队，团长刘光汉表示："试攻受了挫折，伤亡大，但部队锐气不减，还有第二营的兵力没有动，保持着战斗力，我们不换也不撤，要继续当主攻团，有决心、有把握攻下营盘岭，就是全团剩下最后一个人，也要战斗到底。"军、师首长被指战员不屈不挠、英勇顽强的解释所感动，同意第五十团继续为主攻团。

第三营教导员说："我们七连已有一个排在敌人阵地前实施'贴膏药'战术去了，请师首长允许我们七连担任连续爆破，保证给攻击部队打开突破口。"

25日晨，营盘岭战斗总攻开始，炮火轰击敌人峭崖陡壁和中心碉堡，数十挺轻重机枪在不同阵地上构成火网阻拦敌人，第五十团的指战员乘着密集火力和强烈爆破，不顾踏响敌人埋设地雷的危险，英勇拼搏，向敌主阵地冲锋。敌人疯狂地举着马刀一次一次地向战士们反扑，但英雄们不怕牺牲，勇敢地端着刺刀与敌人展开了白刃格斗，阵地上喊杀声拼搏声响彻云霄，一次又一次地打退敌人的反扑。

17时，第五十团全部占领了三营子主阵地，鲜艳的红旗插在了皋兰山主峰营盘岭上。此时，两翼友邻部队第十六师和第十七师四十九团相继向二营子、头营子的敌人纵深阵地勇猛发展追歼敌人，由于三营子阵地的攻克，二营子、头营子阵地上的敌人纷纷溃逃下了皋兰山……

第五十团指战员前赴后继，浴血奋战，668人英勇牺牲，为营盘岭攻坚战的胜利和兰州的解放立下了不朽的功勋。

兰州战役战后，第一野战军授予担任营盘岭主攻任务的第六军十七师五十团"英勇顽强夺取皋兰山"荣誉称号，授予担任沈家岭主攻任务的第四军十一师三十一团"勇猛顽强"荣誉称号、授予三十团"长攻善守"荣誉称号。2019 年在国庆七十周年阅兵中，这三面战旗代表兰州战役入选百面战旗方阵，在天安门广场接受党和人民的检阅。

"突得猛守得坚"的第二营

第五十团二营在皋兰山三营子战斗中担任突击队任务，在激烈的攻坚战中，第二营涌现了大批勇往直前、不怕牺牲的英雄人物。二班长陈向礼自告奋勇执行爆破任务，冒着枪林弹雨接近敌堡实施爆破，为部队开辟前进道路；负伤战士李振元坚持战斗，英勇擒敌；在部队冲到守敌第二道外壕时，战士兰子城勇猛冲去，连打 2 枚炸弹，乘势抢夺了敌人的枪支，一人使用 4 样武器杀敌，远处用机步枪，近前用手榴弹，打死角用枪榴弹，并冲上了第二外壕活捉了 4 个俘虏；一班长刘永江，从战斗开始到结束，机枪只放在地上打了一梭子，之后一直端着机枪向敌人扫射，子弹打完了便拾起敌人的子弹继续打……

第二营在占领了敌人的第二道外壕后，守敌组织了 4 次反扑，都被指战员用手榴弹和排子枪打垮了。在反冲锋战斗中，九班长在排长牺牲后代理指挥第三排，在弹药打完的情况下，机智地缴获敌人 8 箱手榴弹，继续与敌人战斗；二排长赵良和负伤仍坚持战斗，战士王祥甫胳膊、鼻子都负伤了，仍然不下火线，坚持杀敌直到战斗结束。五连三排排长赵连海看到部队被敌人从碉堡里射出的火力压制在山洼里无法前进时挺身而出，带领 2 个战士机智地迂回到敌人背后，从悬崖上爬上营盘岭，用火力压制住了敌人的火力，掩护总攻部队冲上主峰时，被敌人的一发炮弹击中，2个战士当场牺牲，赵连海的一只胳膊也被打断了，但他顽强坚守阵地，直到战斗结束。

第二营指战员冲锋陷阵，同兄弟部队一起浴血奋战，出色地完成攻夺营盘岭的战斗任务。战后，第二营被第十七师授予"突得猛守得坚"称号。

曹德荣与"皋兰山爆破英雄连"

曹德荣，山西省沁源县人，1916年出生在一个贫苦农民家庭。

1939年，曹德荣在抗日战争的烽火中参加八路军，同年加入中国共产党，随部参加了太岳根据地的"反扫荡"战斗。1944年，曹德荣随部编入陕甘宁晋绥联防军第四旅，先后参加了保卫陕甘宁边区的多次战役战斗。

1947年10月后，曹德荣在西北野战军第六纵队十六团三营先后任排长、副连长、副指导员，参加了西府、保卫延安、扶眉等战役。在革命战争的锤炼中，他不怕流血牺牲、身先士卒，成长为一名模范的政工干部。

曹德荣

1949年8月，曹德荣为第六军十七师五十团三营七连政治指导员，在攻打营盘岭的战斗中，他在身体多处负伤的情况下，顽强地用手托起炸药包炸开峭壁，为部队开辟前进的道路。战友们在掩埋曹德荣烈士的遗体时，发现他的手指上缠满了手榴弹拉火环和拉火线，躺在炸开的缺口上。

战后，第一野战军在总结兰州战役时，

彭德怀高度称赞了曹德荣的献身精神，第六军追授曹德荣同志"特等爆破英雄"荣誉称号，为曹德荣所在第七连记集体一等功，并授予"皋兰山爆破英雄连"称号。

第十七师司令部政治部在《纪念曹德荣同志壮烈牺牲、五十团七连命名为"曹德荣连"通令》中说："五十团七连曹德荣同志，一贯工作忠实负责，在战斗中充满决心和信心，积极保证战斗任务的完成。这次攻夺营盘岭战斗中，亲率该连 2 个排，组织九连 1 个排主动联络和组织三连的 2 个排，在没有连、排干部的情况下，在下庄与居高临下短兵相接的敌军，坚持一天一夜最紧张的战斗，巩固了我师总攻营盘岭的前进阵地。以后，在全军总攻时，该连任三营的爆破队，曹德荣同志负责运输炸药，他即提出'坚决完成运输炸药任务，还要亲自打手榴弹，掩护爆破'。在战斗开始，爆破任务紧急关头，他除了积极运输炸药外，还率领投弹手向敌英勇投弹，掩护爆破。他亲自带上炸药参加爆破，负伤 3 次不下火线，积极鼓励大家完成任务，不幸光荣牺牲。为纪念曹德荣同志，经军首长提出，师司令部政治部讨论，特决定将五十团七连命名为'曹德荣连'，并授予'皋兰山爆破英雄连'称号。"

全国战斗英雄王耀群和他的"英雄班"

1931 年，王耀群出生于江苏邳县农村，由于家庭极为贫困，父母无力抚养，便把他卖给了地主，他从小就给地主扛长工。

全民族抗日战争爆发后，王耀群被日军抓去当劳工，后来又被国民党军队抓去当马夫、挑夫、伙夫。

1948 年 10 月，在荔北战役中王耀群获得了解放，成为一名人民解放军战士，被编入第一野战军六军十六师四十六团。每次战斗他都是冲锋在前，英勇顽强，多次立功。在渭北战役中，上级命令王耀群带领 4 名战士扼守一个山头，阻击敌人整营的兵力。王耀群占领有利地形，为了迷惑敌人，机智地在多处架上机枪轮番射击，机枪打红了就扔手榴弹，子弹打完了就到敌人尸体堆里去捡。整整坚守阵地 4 个多小时，连续打退了敌人 4 次冲锋，为主力部队赢得了时间。黄昏，主力部队冲上来，从王耀群等 5 人占据的山头上居高临下向敌人发起集团冲锋，取得全线胜利。

1949 年 1 月，王耀群加入了中国共产党，用自己的亲身经历给战友们做思想工作，鼓励大家杀敌立功。曾先后荣获过练兵模范、带兵模范、战斗互助模范、爱民模范、模范学员、模范干部、模范党员、战斗英雄班班长称号。

兰州战役中，王耀群任第六军十六师四十六团二营五连五班班长。战役打响前，身患重病的王耀群将自己挖好的掩体主动让给体质较弱的战士，自己重新再挖，不慎摔下山沟腰部受伤。战斗打响后，王耀群强忍伤痛冲锋在前，带领全班英勇出击，出色地完成了战斗任务。战后，王耀群被第六军授予"战斗英雄"称号。

1950 年，王耀群光荣地出席全国战斗英雄代表大会，被授予"全国战斗英雄"光荣称号。

西北军区特等战斗英雄贺文年与"战斗模范班"

贺文年，1922 年出生于河南信阳。1948 年 2 月入伍，同年 9 月加入中国共产党。

1949 年 7 月 12 日，扶眉战役中贺文年任第六军十六师四十六团一营二连九班长，战斗中，奉命带领第九班击毙敌人 1 名、俘虏敌人 13 名，缴获重机枪 1 挺、轻机枪 1 挺、步枪 12 支、手枪 2 支、望远镜 2 副。战后，在全团评功会上贺文年荣获"特等功臣"称号，第九班荣获"英勇机智"

奖旗一面。

8月25日，兰州战役攻打营盘岭的战斗中，贺文年带领第九班战士迅速出击，趁着炮火的烟雾冲过两道土坎。这时，敌军利用居高临下的有利地形疯狂地进行反击，在密集的弹雨中第二连连长和副连长先后牺牲，贺文年也身负重伤，部队伤亡严重。上级命令第二连暂时转移，贺文年奉命率领第九班掩护连队撤退，敌人密集的火力封锁了后撤之路，贺文年背起一名伤员边打边撤，占据有利地形后以坚强的毅力连续阻击敌人多次进攻，一直战斗到黄昏友邻部队接替后，才撤下阵地。战斗结束后，贺文年荣立大功，第九班被评为"战斗模范班"。

1951年，贺文年光荣地出席西北军区首届英模代表大会，荣获"特等战斗英雄"称号。

全国战斗英雄陈全魁

陈全魁，湖北当阳人。1947年3月入伍，同年11月加入中国共产党。

解放战争中，陈全魁先后参加了西府、扶眉等大小战斗和战役40多次，荣立特等功1次、大功4次、小功11次。

1947年5月30日，在陕北悦乐战斗中，担任通信联络任务的陈全魁，闯过敌人封锁线时机智地俘房了2个敌人，缴获步枪2支，出色地完成了上级交给的通信任务。

1948年3月，西府战役中，陈全魁在被敌军包围与部队失去联系后，与敌人骑兵机智对峙周旋，勇敢地跳下悬崖后身负重伤，以惊人的毅力返回部队，曾荣获"一级战斗英雄"称号。

兰州战役中，陈全魁所在第七连是担任营盘岭主攻任务第五十团的"尖刀连"。8月21日，第一次出击时第七连占领了敌人阵地前的破房子，

陈全魁

但由于敌人的疯狂反扑，伤亡惨重，第七连奉命撤退。担任排长的陈全魁带领的排与连队失去了联系而孤守在阵地上，敌人在山头上有2个营的兵力正向他们猛烈射击。在形势十分严峻的情况下，陈全魁组织大家用刺刀在断壁上挖了洞，全排隐蔽起来监视敌人，整整坚持了2个昼夜，全排无一人伤亡。

25日，上级命令第三营第七连作为突击连炸开峭壁，为部队全歼守敌创造有利条件。部队发起总攻时，第七连出击，陈全魁带领全排担任突击爆破土围墙的任务。全排分成两个梯队，每人扛25公斤炸药，隐蔽地向山顶敌人阵地接近，陈全魁在火力掩护下带领第一梯队很快冲了上去，将炸药包放置在土围墙脚下。正当引爆炸药包的时候，敌人一阵密集的子弹打过来，陈全魁负了重伤，他把成束的手榴弹投入敌阵，仍然坚持不下火线，直到战斗胜利。战后，陈全魁因勇敢机智，不怕牺牲，为总攻争取了宝贵的时间，荣立个人一等功，陈全魁带领的排也获得"战斗英雄排"荣誉称号。

1950年，陈全魁出席全国战斗英雄代表大会，被授予"全国战斗英雄"称号。

全国战斗英雄胡青山

胡青山，1922 年出生于河南省滑县。1939 年入伍，1940 年 5 月加入中国共产党。

胡青山

抗日战争时期，胡青山先后荣获山东菏泽地区"战斗模范""爱兵模范""模范党员"称号。1943 年 5 月，在鲁西保卫当地群众麦收时，班长胡青山带领 2 名战士和云梯，利用黑夜的掩护摸过敌军外壕，出其不意攻下碉堡，缴获大炮 1 门、步枪 12 支。

1948 年，胡青山任西北野战军第六军十六师四十六团一营二连连长，在宜川战役中，率领全连冲进正在疯狂扫射的敌人碉堡，消灭了全部守敌，并用机枪威胁活捉了暗堡里 1 个连的敌人，缴获山炮 2 门和大批枪支。

兰州战役营盘岭攻坚战中，胡青山任第六军十六师四十六团一营参谋。在战斗中，胡青山同该营第二连一起行动，负伤后坚持战斗，接连冲过敌军 3 道防线。当看到 100 多个敌人退到山头碉堡企图顽抗时，胡青山和二连连长韩成各端起机枪冲锋在前，战士们随后跟进，将敌人全部消灭。之后，在一次次冲锋中，第二连战士大部分伤亡，胡青山率领幸存的 30 多名战士同友邻部队一起占领了营盘岭，为兰州战役的胜利立了大功。

胡青山先后被西北野战军和第六军授予"特等战斗英雄"和"一级战斗英雄"称号。

1950 年，胡青山出席全国英模大会，被授予"全国战斗英雄"称号。

全国战斗英雄魏书庆

魏书庆

魏书庆，山东省馆陶县（今属河北省）人。1942 年参加八路军，1943 年加入中国共产党。抗日战争时期，魏书庆曾荣获"战斗英雄""劳动模范"等称号。

1948 年，在攻打陕西长武县战斗中，魏书庆担任架云梯破城任务时遭敌人袭击负重伤，不顾伤痛爬上云梯将 2 颗手榴弹塞进敌人城楼窗口，把大部分敌人炸死，其余投降，部队取得攻城胜利。8 月，在澄合战役壶梯山战斗中，魏书庆带领全排 30 名突击队员冒着敌人的炮火强占对岸阵地，为大部队顺利渡河创造了条件。接着带领突击队追击敌人到西安，全歼敌人四十八旅一个营。魏书庆先后被西北野战军和第六军授予"特等战斗英雄"和"一级战斗英雄""劳动模范""工作模范"等光荣称号。

兰州战役中，魏书庆在攻打营盘岭战斗中带领 1 个排突然遭到敌人 2 个连从侧翼和正面山头上同时夹击，他立即指挥部队扼守一条塄坎与敌人激战。将几排手榴弹打出去后，魏书庆首先跳上塄坎冲刺敌人，战友们跟着扑上去刺杀敌人，连续不断地打退了敌人的 4 次反扑。弹药已快用完，不少战友牺牲，全排只剩下 7 个人，敌人又开始第五次反扑了。魏书庆指挥战士们瞄准后射击，再一次打退了敌人的进攻，配合主攻部队拿下了营盘岭。

1950 年，魏书庆出席全国战斗英雄代表大会，被授予"全国战斗英雄"荣誉称号。

特等功臣徐振江

兰州战役中，徐振江是第一野战军六军十七师四十九团一营战士。

8 月 25 日，在攻打营盘岭战斗中，徐振江所在部队攻占了守敌第三道外壕后，敌军做最后拼命挣扎，接二连三向第一营阵地反扑，十余个敌人向第五班阵地攻击上来，徐振江奋勇当先带头打手榴弹，将敌人的反扑击溃。第二次敌人又以一个排的兵力反扑，副班长负了重伤，徐振江呼喊着"替副班长报仇，坚决打垮敌人反扑！"的口号，与战友们顽强地打垮了敌人的反击。接着敌人又用锥子队形卷土重来，徐振江跳出掩体便和敌人拼刺刀，接连刺倒 2 个敌人，刺第三个敌人时，已经冲上来的敌人挥着马刀向徐振江头部砍来，他灵巧地用枪托把敌人的马刀打掉。又有敌人的马刀向他砍来了，徐振江臂上 2 处受伤，脸上也被砍破了，但他顽强地同敌人搏斗。第六班的战友们冲了上来消灭了敌人，打退了敌人 3 次反扑，徐振江在身体多处负伤的情况下仍然坚持战斗，直到战斗胜利。

战后，徐振江荣立"特等功"。

第十章　兰州解放

毛泽东主席在指挥兰州战役的电文中曾说，只要歼灭了国民党军马步芳军事集团的主力，西北战局即可基本解决，以后解放大军占领甘、宁、青、新四省基本上只是走路和接管问题，没有严重的作战问题。

解放兰州，歼灭了西北地区敌军中战斗力最强的青马主力，宣告了西北战场决战的胜利。从此，西北地区的敌人已经丧失了组织任何战役的能力，而第一野战军以兰州战役为转折点，由战略决战转入战略追击，并组织强大的政治攻势，先后解放了青海、宁夏、新疆和甘肃全境，使大西北解放的历史进程提前了半年，兰州战役以解放大西北问题而载入史册。

兰州解放之日，军管会和新成立的人民政府迅速接管了国民党政府。为庆祝兰州战役的胜利，在人民政府组织下，翻身得解放的兰州人民欢欣鼓舞，迎接解放军入城，并开展了轰轰烈烈的拥军和慰问子弟兵活动。

第一野战军司令部进驻兰州城

26日凌晨，第一野战军三军攻入兰州城西关。战斗尚未结束，巷战刚刚开始，在流弹掠空而过的战斗气氛中，新华社记者关君放从战地发出的报道是这样记述当时城里人民群众欢迎解放军和欢庆兰州解放情形的：

刚刚黎明，城里的工人、学生和回汉市民涌上街头迎接解放军，以一种无可比拟的欣喜对向城里攻进的解放军说："辛苦！辛苦！"有的说："这一下太阳出来了！"兰州大学的学生抬着蒸馍、开水前来慰问正在街道追击残敌的解放军战士。回民小贩李玉芝老汉对记者说："解放军再不来，马步芳军派的款（苛捐杂税）可就要人命啦！"他凝望着解放军的队伍和迎风招展的红旗，兴奋地说："过年了，过年了！兰州人民见晴天了！"

当解放军炮车进入市区时，拥上街头的群众报以热烈的欢呼与掌声。解放军某部在国民党甘肃省政府内搜捕残敌时，大门外站满了成群的男女市民，位于省府右邻的电厂工人、职员争相主动撕毁墙上的反动标语，抢修被敌特毁坏的电路，以保证部队用电急需。电信局、邮局的职工，在枪声稀少时，就自动到工作岗位上等候接管，全部设施都完整无损。他们说："解放军的政策，我们早就知道，我们盼望解放军是望眼欲穿了！"

时任战地记者的肖池，26日跟随追击部队入城，记下了他当天跑遍兰州市区的所见所闻。在他后来的回忆录《兰州人民的欢笑与哭诉》中有这样一段描写："我们这支小分队，乘着卡车沿一条东西大街向城里前进。路两旁的店铺、居民户，门窗紧闭，街上空无一人。当我们来到市中心一个'十'字街口时，忽然听到一片群众的欢呼声：'欢迎解放军！''欢迎解放军进城！'只见三四百名市民蜂拥而来，围住了我们乘的卡车。有的手里举着红绿彩旗，使劲地摇动；有的举着双手，使劲呼喊。一张张喜笑颜开的面孔，一句句发自肺腑的慰问话，像久别重逢的亲人，像患难与共的兄弟。"

"天动了，地摇了，兰州人民解放了！"

26日午后，彭德怀司令员一行从榆中乔家营子出发，前往兰州城内，随同第一野战军前总机关进入兰州城的"二院"（全民族抗日战争初期组建的八路军延安拐茆医院，后改名为诺尔曼·白求恩国际和平医院总院，1947年改名为第二野战医院）。院部得悉在城内3个地方暂时集中了大批伤员，马上带领一部分医护人员奔向小沟头的兰州师范和兰州中学（两校只有一墙之隔）。刘允中院长和同志们看到两校的教室、宿舍里都已挤满了伤员，背包一放，立即投入察看伤口、喂药、打针、换药、输液、输血、开取弹头弹片和施行手术等紧张的诊治中去了；另一部分医护人员跑步赶到萃英门内的兰大医学院，也用最快的速度接收了集中在那里的全部伤员，开始了紧张的医治工作；还有一部分医护人员直奔黄河铁桥南岸的敌"警官学校"，日夜不停地抢救伤员。当时，"二院"有663名工作人员，共收容了5180名伤员，平均每个工作人员要担负9名伤员的医治、护理和物资供应……

18时，第一野战军司令员兼政治委员彭德怀、副司令员张宗逊、政治部主任甘泗淇等进驻兰州城里"三爱堂"院内，向第一野战军各兵团发出《关于解放兰州后的行动》的指示，要求各兵团："本野战军全体指战员英勇作战，顺利解放了兰州。应不给击败之敌以任何喘息机会，继续追击，全部干净歼灭之。"根据第一野战军司令部的命令，第一兵团及第六十二军即在临夏、永靖地区，第二兵团在兰州城西城北地区，自27日起休息5天，9月1日开始继续追歼马步芳残部，解放西宁；第十九兵团主力即在兰州以东及东北地区，27日起休整10天至半个月，准备进军宁夏，消灭国民党军马鸿逵部，第六十四军应以一个师进至打拉池夺取靖远、中宁，在固原、海原地区建立政权，征集粮食等准备工作。同时，兰州市军管会成立，主任张宗逊，副主任张德生、吴鸿宾、韩练成、任谦；接着兰州市人民政府成立，市长吴鸿宾，副市长孙剑峰；兰州警备司令部成立，司令员郭宝珊，政治委员李宗贵。

与此同时，策应兰州马步芳军事集团作战的胡宗南部第一、六十五军向天水进犯，第三十六、三十八、五十七军等部向宝鸡进犯，均被第一野战军第十八兵团和第七军阻止；宁马马鸿逵所部向兰州的援军也被第一野战军第六十四军钳制于海原以北地区；防守景泰、靖远的国民党军第九十一、一二〇军未敢前来援兰，渡黄河向古浪、大靖等地逃窜。自知末日已到的马步芳，慌忙乘飞机离开西宁老巢，逃往重庆。

黄昏，彭德怀司令员带领杨得志、许光达、张达志、罗元发等指挥员登上黄河边的望河楼。当看到雄伟壮阔的黄河时，彭德怀手指着黄河说，革命的力量、人民的力量是不可战胜的，马步芳虽然猖狂一时，但他终究逃脱不了灭亡的下场！

兰州市军管会接管国民党兰州市政权

随着第一野战军司令员彭德怀进驻三爱堂，以主任张宗逊，副主任张德生、吴鸿宾、韩练成、任谦署名发出的兰州军管会公告，明令接管国民党政府在兰州的一切政权机关、公共机关并没收官僚资本，对在兰州的国民党机关和军事、警察、法院等，以及一切公共机关的设施、物资、档案及财产——接收并进行管理。

——早在1949年7月，甘肃省国民政府即做出逃亡前的各种准备，并向所属单位发出了携档外逃和焚毁档案的命令：一、清理档案，除重要须携带者外，余悉焚毁；二、呈报疏散人员名册及所携带物资清册。7月下旬，甘肃省国民政府秘书长丁宜中在省署槎亭召集应急会议，下令"所属单位负责押运重要物资、档案、大烟土、药品及卫生器械、陆续运往武威"，其中的档案卷册是由各厅、局、处、室选出重要者装册、编目、统一制作木箱装运出去。8月上旬，甘肃省国民政府向各专区、县转发西北行政长官公署十万火急电令，各机关"转移前将政府档案作紧急处理"，进行"焚毁、埋藏、转移"。25日晨，甘肃省国民政府最后一批人员在代主席丁宜中的带领下，仓皇离兰，逃往河西。

兰州市军事管制委员会和甘肃行政公署立即开展了四个方面的工作：一是自上而下地按系统对国民党党、政、军机构进行接管，责成旧职人员向人民政府办理移交，分别进行安置；对工矿企业派出军事代表接管，机构人员暂维持原状,迅速恢复生产;对私营工商业一律保护;对学校及文化教育机关严格保护,学校尽快复课。二是肃清反动残余武装、特务、匪徒,稳定社会秩序。三是迅速恢复工农业生产,整顿金融,废除国民党货币,使用人民币,平抑物价,稳定市场。四是筹粮筹款,支援解放军向青海、新疆进军。

27日,中国人民解放军兰州市军事管制委员会发布"安字第一号"布告,对国民党政府警察人员,本着宽大方针,给予悔过立功之机会。凡系国民党政府警察人员(包括官佐、员警等)统限自发布之日起,携带所保存的一切武器证件,到军管会公安处或所住区的人民公安分局报名登记,听候分别录用。

兰州军管会在接管了甘肃省国民政府及其所属机构未及带走或未及焚毁的档案,并自即日起接管甘肃省国民政府各厅、局、处、室,并接收物资、财产和武器,具体工作由兰州军管会下设的军事处、公安处、联络处、交通处、政务处、企业处、工商处、金融处、教育处、文化处、新闻处11个处分别进行……

兰州人民欢庆解放

8月27日,第一野战军在司令部驻地三爱堂举行了团以上干部庆祝大会,第一野战军司令员彭德怀,西北军区司令员贺龙、政委习仲勋等首长都到会讲话,热烈庆祝兰州战役的伟大胜利。彭德怀在讲话中说解放兰州是第一野战军的又一个伟大胜利,号召全体指战员准备继续战斗,解放大西北,解放全中国。

28日,彭德怀司令员邀请在兰州的国民党军政、宗教、工商各界人士商谈解放新疆问题,并着手成立新疆研究会。同时,上海《商报》报道兰

1949年8月28日，上海《商报》、甘肃《陇东报》

州解放；甘肃解放区《陇东报》刊出号外《解放兰州》，详细报道兰州解放这一伟大胜利。

30日，秋高气爽，红旗飘扬，第一野战军举行了隆重的入城仪式。一大早，工人、市民、商人、学生手持红绿小旗，男女老少一齐拥上了街头，在道路两旁等待解放军队伍的到来。解放军战士们穿着干净的军装，把枪擦得亮亮的，开着缴获的汽车，骡马拉着大炮，军乐队吹奏着嘹亮的军号，擂着大鼓。大队人马从东稍门出发，雄赳赳、气昂昂地开进兰州城，骑兵引导在进行队伍前，步兵、炮兵、摩托化步兵、汽车牵引的大口径榴弹炮、高射炮、坦克等部队依次开过来。在周围观看的群众无比兴奋激动，整个街道沸腾了……兰州大学、国立兽医学校、志果中学等学校的师生兴高采烈地放着鞭炮，争先恐后地往大炮筒上贴标语，女学生跑着、跳着往战车上撒鲜花，成千上万的市民载歌载舞，夹道欢迎。

盛大的入城仪式上午 8 时 30 分从东稍门开始，11 时在西稍门圆满结束，整整进行了 3 个多小时。

兰州解放的消息传到西安后，西北总工会筹委，陕甘宁边区妇联、青联、文化协会，中华全国文学艺术工作者代表大会西安代表团，民主同盟西北总支部等社会团体纷纷发来贺电，祝贺兰州解放。

9 月 3 日《群众日报》发表了题为《庆祝兰州解放，支援大军西进》的社论。与此同时，刚刚解放不久的西安市人民，也举行了庆祝兰州解放的大会。

9 月 8 日，中共中央致电第一野战军，祝贺兰州、西宁等地解放。

9 月 14 日，兰州历史上空前的大规模游行出现在兰州街头，欢天喜地庆祝兰州解放。由工厂、学校、机关、商人以及两湖（湖南、湖北）、山西、河南等旅兰同乡会组织的 41 支秧歌队，一大早拥上了街头，表演一直持续到晚上。游行群众自发高举毛泽东主席画像，海涛般的人群随着秧歌队奔流，鞭炮声、锣鼓声、歌声、口号声、播音声响遍大街小巷。秧歌队节目丰富多彩，各具特色。陕西同乡会的秧歌队，由 12 个小孩组成了 6 副高台，在 20 多米的高空行进中表演舞花枪等节目；河南旅兰同乡会的秧歌队身穿古典戏装，踩着高跷，唱着河南坠子和洛阳小调，接着是表演耍大刀和梭镖，地方特色特别浓厚；两湖同乡会秧歌队在舞龙表演中，20 多米长的彩龙在头戴红手巾、身穿红背心和红短衫的舞龙者的高举下，舞着多

兰州人民向入城的解放军指战员献花

种多样的起伏变化动作，煞是精彩；国立兽医学校汽车秧歌队、电信局的宣传彩车也活跃在游行队伍中间；兰州市第一区的儿童秧歌队等歌唱的《东方红》等一系列红色歌曲非常嘹亮。秧歌队所到之处，鞭炮齐鸣，掌声不断，全城笼罩在一派欢天喜地的景象里，人们用各种方式释放着掩饰不住的喜悦心情："翻身了，解放了，人民当家做主了！"

尾　声

　　兰州战役是西北解放战争攻坚战中规模最大的一次，敌人工事之坚固、敌人之顽固、地形之对敌有利均为空前未有，第一野战军付出了巨大的伤亡代价，无数英烈前赴后继，可歌可泣的不朽功勋将永垂青史！

　　1952年，为纪念兰州战役中牺牲的烈士，兰州人民修建兰州烈士陵园，并于1959年建成开放，1972年进行了二期扩建工程，陵园占地面积629.29亩，建筑面积10800平方米，2万平方米的墓区内，安葬着兰州战役中牺牲的808名烈士忠骨。坐落于陵园内的兰州战役纪念馆，展馆面积1000平方米，由序厅、奏响西进序曲、实施千里追击、浴血南山之巅、聚歼青马主力、欢庆西北解放、结束语七个部分构成，序厅主题为"突破"的浮雕以高超的艺术手法，形象地展示了中国人民解放军第一野战军在彭德怀司令员的率领下，在各地党组织的全力配合下，在解放区的大力支援下，揭开了西北历史上最具划时代意义的宏伟篇章；馆内3幅大型油画和巨幅半景画通过多媒体技术的巧妙运用和烘托，更加形象地展示了兰州战役的激烈和人民支前的伟大。

　　1986年，兰州烈士陵园被列为省级重点文物保护单位。

　　1989年，经国务院批准，兰州烈士陵园被列为全国重点烈士建筑物保护单位。

　　2001年，中宣部公布兰州烈士陵园为全国第二批爱国主义教育示范基地，同时被甘肃省国防教育委员会命名为"甘肃省国防教育基地"。

　　2005年10月，兰州市烈士陵园被中共兰州市委命名为"兰州市爱国主义教育示范基地"。

2006年9月，兰州市烈士陵园被中共甘肃省委党史研究室命名为"中共党史教育基地"。

2023年4月，兰州市退役军人事务局先后与兰州战役战场遗址所在的6个村党支部签订共建协议，围绕党建引领、发挥红色资源优势，构建兰州战役遗址保护利用一体化格局。

在兰州战役营盘岭战场上，第一野战军六军指战员冲锋陷阵，浴血奋战，无数英烈英勇地献出了自己的青春年华，为我们留下了可歌可泣的红色记忆！

2024年4月2日，清明节前夕，甘肃省军区兰州第一离职干部休养所组织工休人员开展"缅怀先烈铸忠诚、赓续血脉担使命"主题党日活动，在营盘岭革命烈士纪念雕塑前，全体工休人员面向鲜红的党旗重温入党誓词，观看文献纪录片《兰州战役》，实地参观营盘岭战役留下的碉堡、峭壁等战场遗迹，忆往昔峥嵘岁月，在营盘岭革命烈士纪念雕塑前向革命先烈默哀、敬献花篮，用最崇高的敬意祭奠为了新中国成立抛头颅、洒热血的革命先烈们。

缅怀英烈，铭记历史。红色基因代代相传，革命先烈崇高的理想，坚定的信念，英勇顽强、赤胆忠心的英雄气概，永远是激励我们奋勇前行的强大力量，必将凝聚成为中华民族伟大复兴的磅礴力量！

附 录

兰州战役

◎ 张宗逊

　　陇东追击之后，得知青马固守兰州，企图与我"决战"，我军稍作休整，审度战局。这时，全国各战场都有新的重要进展，长沙敌军起义，福州解放，大军深入湘南、赣南地区，长江中游的宜昌、沙市、江陵等重要城市相继解放。全国战争的胜利鼓舞了第一野战军全体指战员克服困难，追歼二马。

　　自从胡宗南退守秦岭，国民党为了保住西南，拖住第一野战军向四川进军，在广州召开"西北联防会议"，策划所谓兰州决战计划，妄图以青马退守兰州，在兰州城下牵住我军主力，然后宁马出固原转向兰州，胡宗南出陇南，对我军形成包围，一举在兰州外围歼灭我军。蒋介石认为二马受我打击较少，从1947年的5万多人扩充到21万多人，还有相当实力。马步芳盘踞经营多年的兰州，三面环抱险山，一面是滔滔黄河，地势险要，易守难攻，并有坚固的工事。马步芳认为我军进入他的统治中心兰州就会陷入泥潭，所以他放弃了在六盘山、陇山依山防守的机会，保持兵力，有计划地撤往兰州，诱我"决战"。

　　一野前委分析战局，认为胡宗南背靠四川，过早把他压入四川，对第二野战军入川作战不利，暂时不去管他；同时进攻二马，分散了兵力；如果先打宁马，会给青马动员甘、青和新疆兵力重新部署防守的机会，延误解放整个大西北的时间，青马还可能从临洮、武都逃进川北。所以彭德怀和贺龙司令员决心先打青马，后打宁马。

全野战军立即进行深入的战斗动员，部队驻地都从上到下开会讨论，直到连队都边动员边研究总结歼灭青马的战术。部队报纸上、墙壁上都是"打到兰州去，解放大西北"的战斗口号。

部队从组织上也作了精简，把笨重的行李、物资和不必要的人员留下来，把机关编成战斗组织，减少了牲口，干部乘骑许多都用来驮弹药，连怎么喝水、怎样宿营事先都做了细致准备。部队还深入进行了贯彻党的民族政策教育。

8 月上旬，20 多万人的大军冒着酷暑，分三路向兰州进军了。尾随部队前进的还有一支浩浩荡荡的支前大军，大车、毛驴驮着弹药和粮食，还有担架大队。从陇东追击到进军甘肃，支前大军由西安向兰州延伸，上千里的供应线上，动员了 15 万民工，他们不顾艰险，翻山越岭，长途跋涉，野营露宿，对战役的胜利起到了保证作用，为西北解放战争立下了不朽的功勋。

据侦察和缴获的文件看，马步芳的决战计划是：以精锐主力八十二军和一二九军据守兰州；以九十一军、一二〇军、八十一军为左翼，在靖远、景泰和打拉池地区防御；以新成立的实际是步兵的骑兵军为右翼，控制临洮、洮沙地区。他的如意算盘是以主力吸引我军主力，然后两翼包抄我军，断我补给退路，会同宁马、胡宗南集团、青海、新疆敌军，一举围歼我军。

我右路十九兵团从 8 月 9 日出发，他们有坦克、火炮等重武器，沿着西兰公路隆隆开进，于 13 日连克西吉和会宁两县城，使宁马大为震惊，给宁马造成我军向宁夏进攻或从兰州东侧迂回过黄河的印象。集结在秦安地区的中路二兵团 8 月 10 日出发，悄悄地经通渭、内官营、新营镇向兰州南面进军，出敌不意地抵达兰州城郊。十九兵团向宁夏方向虚晃一枪之后，沿兰西公路出现在兰州城东。

左路第一兵团8月11日出甘谷、武山，接连解放陇西、漳县、渭源、会川数县，16日攻克临洮，修复了敌人破坏的大桥，过洮河，20日解放康乐向临夏进攻。敌右翼的新编骑兵军一触即溃，一部被歼，大部逃散，粉碎了青马包抄我军的企图，也断了青马向川北的退路。第一兵团攻占临夏以后，矛头直指西宁，青马的老窝处于险境。围攻青马的主动权便操在我军手中。

我镇守天水的第七军也在8月11日向敌一一九军进攻，接连夺取礼县、西和，歼敌第二四四师一部，给胡宗南以我军要进攻两当、成县的假象，使他不敢北上。扼守宝鸡的第十八兵团也制订迂回围歼胡宗南集团的秦岭战役计划，并进行隘路、栈道侦察，开展爬山演练，在8月30日发动进攻。我第十九兵团在8月14日沿西兰公路拿下定西城，8月20日到达兰州东南定远镇、乔家营一线。二兵团在19日攻占兰州南阿干镇、榆中西北9条路口。

敌人一直不战而退，是为了集中兵力固守兰州外围的主阵地，我们一些部队领导认为敌人准备弃守兰州，怕失掉战机。部队刚到达兰州外围，不看地形，不侦察敌人火力部署，不组织步炮协同和爆破准备，仓促向敌人的马架山、营盘岭、狗娃山等阵地进攻。经过21日、22日两日战斗，部队勇敢顽强地向敌人冲击、拼刺，伤亡很大，却没有夺得敌人一个阵地。青马见我进攻受挫，气焰更嚣张，要求蒋介石派飞机助战，连日组织反冲击。

8月22日，野司前进到兰州东南的乔家营，彭德怀司令了解到部队轻敌进攻的情况，立即通知各部队停止进攻，扎扎实实地搞三天攻城准备工作。各部队吸取了教训，深入动员，组织侦察地形，摸清道路，并进行沙盘作业，组织骡马和勤杂人员前送物资器材，制订详细的作战计划。

马家山、营盘岭、沈家岭是敌人 3 个主阵地，由敌一〇〇师、二四八师、一九〇师分别固守。山上有国民党军队在抗日战争时期修的永久性国防工事，解放战争中又不断增修钢铁水泥碉堡群，各主要阵地有环山公路连接并通向城里，外面有一两道峭壁，高 6 ~ 10 米，峭壁中部有暗藏的侧射机枪掩体，峭壁外面有几道宽深 3 ~ 5 米的外壕，各壕间有暗堡和野战工事，并有交通沟和暗道相通。阵地前设有铁丝网，并密布地雷群。另外敌一八一师防守城东的东岗镇，三五七师防守七里河，"西北军政长官公署"和敌骑兵第八师在黄河北岸。敌人背靠黄河天险，主力控制南山主阵地，但东西两翼薄弱，城里再没有预备队。黄河铁桥是敌人唯一退路。这样，我军攻取南山是解放兰州的重点，迂回敌人右翼夺取黄河铁桥是全歼兰州守敌的关键。

兰州战役前后的十几天内，彭司令员几乎天天都向中央军委和毛泽东主席报告前线情况，并及时得到军委和毛泽东主席的指示。军委同意在 8 月 25 日发起总攻，决定以六十三军一部进攻东岗镇并在响水河沿河警戒；第六十五军和六十三军一部进攻马家山敌一〇〇师阵地，而后向城东关发展；第六军进攻营盘岭敌第二四八师阵地，而后向城南关发展；第四军向沈家岭的中狗娃山、下狗娃山敌第一九〇师阵地进攻，而后向城西关发展；第三军向七里河进攻，并以一部沿黄河南岸东进夺取黄河铁桥，一部在七里河地区相机北渡黄河进攻十里店。

8 月 24 日，各部队完成攻击准备，部队情绪高涨，老战士争先担任突击队，新战士争取立功，机关勤杂人员都参加抬担架、挖交通壕、前送粮弹等工作。

8 月 25 日拂晓，总攻开始，百炮齐鸣。第四军的十师和十一师首先冲向沈家岭的狗娃山。在总攻前两天下起雨来，总攻前雨才止住，战士们踏着泥泞，冒着敌人的炮火还击，英勇地冲向山上。十一师三十一团首先夺得山上一处阵地，接连打退敌人的集团反扑，到中午三十团增援上去的时候，三十一团只打剩 170 多人。四军和敌人恶战到下午 6 点，终于把敌人压下山去，拿下了沈家岭。沈家岭战斗中三十一团团长王学礼，三十团政委李锡贵，三十二团副团长马克忠等许多同志英勇牺牲。

负责攻击南山要点营盘岭的第六军，在 21 日攻击时受到一些损失。

营盘岭是皋兰山主峰，工事最强，山顶有一组用钢筋水泥构成的环形集团工事，山崖被削成 3 道峭壁，每层约 3 丈高，设 3 道防线，两翼也有较强的火力配置。六军吸取了上次进攻兵力分散的教训，这次集中了全军 17 门野炮、15 门山炮，还有重迫击炮、团的迫击炮，组成两个火力队。25 日拂晓，首先集中炮火向敌人工事轰击，敌人的工事大部分被摧毁，敌人从正面和侧翼迂回，组织了几次反扑，都被我军炮火准确地轰了回去。接着，步兵发起冲击，直扑山下的下庄，敌人依托残存的掩体和水泥暗堡顽抗，我军几次冲击都被拦阻。

突然，"轰"的一声巨响，敌人正面第一道峭壁被炸开一道斜坡，战士们通过这个缺口向山头冲去。后来，第六军电话报告，七连政治指导员曹德荣，舍身炸峭壁，为解放兰州英勇牺牲了，战士们高喊着为曹德荣报仇，冲入敌人阵地。敌军官用机枪和大刀督战，进行了 7 次反冲击，都被我军击退。下午 2 点，六军突破了敌人 3 道峭壁，接着以炮火轰击敌人山头环形工事，步兵前仆后继，经过 8 次冲击，到下午 5 点，终于攻克了营盘岭敌主阵地。

向马家山进攻的第六十五军，在炮火准备一结束，五七七团和五七八团很快就突破了敌人的 3 道外壕，攻占了几个地堡。敌人连续组织小群多路的反冲击，五七七团三连二排 4 个同志坚守 3 号碉堡，六连连长和七个战士坚守 7 号碉堡，以机枪和手榴弹打退了敌人 30 多次反扑。下午 5 点，六十五军经过激战，将红旗插上马家山顶。与此同时，六十三军一八九师经过一场艰苦激烈的山地攻坚战，打垮了敌人 6 次大集团反冲击和无数次小的反扑，占领了马家山东南的窦家山敌人阵地。敌人南山主阵地全部被攻占，兰州的屏障垮掉了，马步芳见宁马和胡宗南集团没有出动，知道大势已去，仓皇坐飞机逃跑了，六十五军迅速占领了拱星墩飞机场。主将一跑，敌人全线溃退，企图利用黑夜过黄河铁桥西逃青海。

我第三军发觉敌人要逃，迅速发起追击，沿公路直捣兰州西关，七师十九团八连最先向黄河铁桥进攻，桥上车马拥挤，八连借助桥上的灯光，集中火力射击，首先打中敌人一辆卡车，卡车起火封住了敌军的退路，不少人被挤得掉进黄河。三军其他部队也分别在七里河、小西湖、西固一带展开，26 日凌晨我军完全控制了黄河大铁桥，而从南山溃退的敌人还一个劲地向兰州城里跑，第三军七师入城后在中华路和溃敌遭遇，经过激烈巷战和政治喊话，歼灭残敌并占领城内各要点。第六军、四军和十九兵团的部队也先后进入城里，各军互相取得联络以后，继续搜索残敌。

26 日上午发现黄河北岸白塔山仍有敌人往南射击，三军即组织炮火掩护，二十六团过桥攻击，白塔山敌军逃往十里店，我军尾追占领了十里店以北高地。四军三十五团一部也过桥占领了桥北村庄，肃清了桥北残敌。26 日中午兰州城里的残敌也全部肃清，至此兰州守敌 4 万余人，除部分随马继援逃走外，全部被歼。侥幸逃出兰州的敌军，到达青海时已有官无兵。其下级军官和士兵都携枪带马各自回家或流散成土匪。

青马主力在兰州覆没以后，宁马主力害怕被歼，急忙逃回宁夏中卫、中宁老窝。胡宗南却在 27 日出兵，企图利用我军主力在兰州的时候，趁机攻占宝鸡、天水。胡宗南集团四个军向西和、礼县、宝鸡、虢镇地区发动进攻。28 日进到宝鸡、虢镇和马头镇以南地区，一部进占陇南的西和。

我十八兵团正拟发动秦岭战役，消灭川陕公路的敌三十八军等部，而敌人已先向我进攻。十八兵团采取"诱敌深入"的办法，以六十一军两个师附兵团炮兵团和宝鸡分区部队防守益门镇和虢镇，六十军按战役计划发起攻击，30 日占敌第三十八军驻地黄牛铺、东河桥，侧击进犯宝鸡方向的敌军。

敌军遭到打击慌忙南撤，六十军和六十一军全体指战员冒着阴雨，翻山越岭追歼逃敌，一直追到凤县以北的白石铺、安河寺、核桃坝和进口关地区，歼敌近5000人。进占西和的敌人不战而逃。兰州解放以后，野司随即进驻兰州，第一野战军司令部设在"三爱堂"。为了总结这次战役的作战经验，贯彻中央关于人民解放军既是战斗队又是工作队的指示，并讨论恢复社会治安秩序等问题，野司召开了师以上干部会议。随后成立兰州市军事管制委员会，决定由我担任军管会主任，张德生、吴鸿宾、韩练成、任谦等同志任副主任。

军管会的日常工作主要由张德生同志负责。

8月30日，也就是兰州解放第五天，野司决定举行一次隆重的入城式。这一天，秋高气爽，阳光灿烂，战士们都早早吃过早饭，欢天喜地，整装待发。兰州市里挂着彩旗，贴满标语，东稍门上有一条标语写着："天摇了，地动了，兰州人民解放了！"反映了兰州20多万各族人民欢庆解放的喜悦心情。兰州市的工人、商人、学生、市民都手持红绿小旗，早早拥上街头，几十个秧歌队活跃在街头，整个兰州市就像过年一样热闹。彭德怀司令员和野司其他领导同志，同应邀前来的各界代表、各民众团体领导人一起检阅了入城式和游行队伍。8点30分，隆重的入城式开始，先是步兵，然后是各种炮兵、摩托化步兵、高射炮部队。

队伍通过时，人群中响起热烈的欢呼声和掌声，热情的学生把五彩缤纷的鲜花撒在炮车上。

正当兰州军民欢欣鼓舞庆祝的时候，两架国民党飞机窜入兰州上空。但是我们的队伍镇定自若，继续前进，群众也秩序井然。我们游行队伍里，正在行进的高射炮突然开火，一架敌机被击中坠落，另一架赶紧溜走了，这成了入城式的一点花絮。

入城式结束以后，彭德怀司令员打破惯例举行了一次会餐。彭司令员高兴地对大家说，这次会餐一则庆祝西北解放战争的胜利，二则对十八兵团和十九兵团表示欢迎。他还说，兰州战役是一场大恶战，但从战略上看，这可能是西北最后一仗了。

兰州军管会当时的任务相当艰巨。起义和投降的敌军占我歼敌总数的百分之六十，这些人员要安置处理，我们采取集训军官，资遣老弱，使他们各得其所；对城市的旧人员也要逐一安排，使他们有饭吃，有出路；更重要的是建立政权，从军队抽调大批干部做地方接管工作，发动群众，清剿残匪，逮捕特务等一系列重大任务。

我第一兵团在 23 日解放临夏以后，在少数民族支援下，修造船筏，渡过黄河继续前进，9 月初接连解放民和、甘和镇、平戎邑。青马的残部纷纷投降，马步芳和马继援乘飞机逃往广州，西宁处于一片混乱局面。一兵团把甘南青马有威望的家属组织了一个劝降团，随军到青海劝降，这是个很成功的经验。这个劝降团不断揭露青马的反共宣传，而且为我军的行动提供了很大方便。9 月 5 日，第一军解放了西宁，受到各族人民的热烈欢迎。劝降团动员敌军政官员和散兵到军管会报到，对维持地方秩序起到很大作用。

第三军在 9 月 1 日由兰州西进，4 日解放了青海、甘肃交界的享堂、乐部和永登。9 月 8 日，逃往西宁北部的敌军师高级军官和少数部队 2000 多人，在敌八十二军副军长赵遂率领下向我缴械投降。9 月中旬，在岷县地区的甘肃保安团等 5 个团在甘肃保安副司令周祥初率领下举行起义，改编为人民解放军独立第一军。至此，青海马步芳集团全军覆没，青海全境解放，兰州战役胜利结束。这一胜利，从根本上推翻了马步芳家族在青海、甘南长达数十年的封建统治，为我军向宁夏、新疆挺进，解放大西北奠定了基础。

【节选自《张宗逊回忆录》，解放军出版社 2008 年 7 月第 2 版】

许光达与二兵团（节选）

◎ 朱晓明

西北双雄

1948 年 11 月 1 日，中央军委发布《关于统一全军组织及部队番号的规定》，这是人民解放军历史上关于部队组织沿革的一份纲领性文件。规定称："野战部队的序列，军以上设野战军和兵团两级。"兵团拟建立 20个，按次序首先为：西北第一至第二兵团，其正式名称定为"中国人民解放军第××兵团"。

1949 年 1 月，西北野战军改称第一野战军，考虑到晋绥部队尚未西来，部队还不充实，决定暂不成立兵团。5 月 29 日，一野前委根据部队发展和作战指挥需要，针对西北战场准备展开对胡宗南集团和宁青二马的决战，向中央军委发电请示，建议成立第一、二兵团："西北地广人稀，交通运输供给均受限制，指挥之战略单位不宜过多，拟以西北现有之 6 个军15 万余人编为第一、二兵团。"其中"以三军、四军、六军编为二兵团，以许光达任兵团司令员，王世泰任政治委员"。

对此，中央军委 6 月 4 日和 13 日连续回电予以批准。6 月 17 日，第一野战军正式发布了关于组建第一、二兵团及干部配备的命令（胜字第31 号），以第三军、第四军及第六军编为第二兵团。三军原军长许光达任兵团司令员，四军原军长王世泰任兵团政委，六军原政委徐立清任兵团副政委兼政治部主任，四军原参谋长张文舟任兵团参谋长。

第二兵团随即在陕西礼泉地区成立，下辖 3 个军 9 个师共 7.4 万人。所属第三军军长黄新廷、政委朱明，下辖第七、八、九师。第四军军长张达志（8 月兰州战役时才到任）、政委张仲良，下辖第十、十一、十二师。第六军军长罗元发、政委张贤约，下辖第十六、十七、十八师。

　　第二兵团与第一兵团一同成立，堪称西北双雄，一兵团建制内的一军和二军是老部队，战斗力很强，同样，二兵团建制内的几个军也是来历不凡，可谓强强组合。三军前身是1946年11月组建的晋绥野战军第三纵队，主体来自八路军一二〇师、山西新军和冀中军区及晋绥军区部分地方武装。所属七师和一军之一师的前身同出一家，都追溯到1937年8月组建的八路军一二〇师三五八旅。该师在一野内以既能攻坚又能野战著称，作风朴实，工作扎实，不事张扬，不仅能打硬仗，更能打巧仗，在多次重大战役中表现突出，屡立奇功。四军前身是1947年9月组建的西北野战军第四纵队，是一支具有陕北红军基础并经历了抗日战争战火洗礼的部队。所属十师和十一师均为兵团、军的主力，在扶郿战役和兰州战役中表现尤其出色。六军前身是1947年10月组建的西北野战军第六纵队，红军底子更为厚重，可追溯至红一方面军和红四方面军的一些部队。所属十六师是著名的教导旅，它前身最多，汇聚各路主力的精华，千锤百炼，具有坚定的革命觉悟和丰富的战斗经验，作风勇猛顽强，攻守兼备，机动能力强，执行命令坚决，不怕牺牲，勇挑重担，是一野的头等主力师，百万军中唯一被最高统帅亲授代号"红星"。十七师更了不得，百将之师，前身是1944年2月重建的八路军新四旅，骁勇善战，战斗经验丰富，执行命令坚决，敢打硬仗恶仗，攻守俱佳，战斗力很强，尤其具有不怕牺牲、敢挑重担、舍己为人、死拼强敌的英雄豪情和"亮剑"精神，赢得了党中央和高级将帅的一致赞誉。

飞兵罗局

　　1949年6月，一野挫败了胡、马联合向西安的反扑。"二马"撤至麟游、长武、永寿一带，胡宗南主力猬集于武功、扶风、眉县地区，以5个军夹渭河两岸成集团配置。7月6日，一野前委在咸阳召开扩大会议，制定了"钳马打胡、先胡后马"的作战方针，决心发起扶眉战役，聚歼胡部主力。一野此时已有4个兵团，确定二兵团担负穿插迂回、断敌退路的重要任务。

为迷惑敌人，7月10日，担负钳马任务的十九兵团首先行动，让胡宗南一时摸不清我军作战企图。当日晚，一野主力发动进攻。11日3时前，二兵团全部隐蔽集结在礼泉城西和城南待命。拂晓，部队沿渭河北岸急行军西进渡过漆水河，从胡、马两军防线之间临平镇向西揳入。4时，二兵团主力已进至益店镇、青化镇，由北向南快速迂回到敌三十八、六十五、一一九军侧后。随后，三、六军由青化镇东西两线向南攻击。20时，三军前卫七师向崇正镇攻击前进，迅速肃清该地之敌并进占新店，而后由西南向东北攻击杨家庄、南五家，得手后继续向扶风及年井镇攻击前进。12日7时许，四军尖刀十师，以快速隐蔽动作，一夜前进70余公里，越过漆水河，迂回至敌侧后，12日7时进至罗局镇、眉县车站，歼灭西退之敌先头部队一部，将敌退路拦腰截断。12日中午，三军九师攻克扶风县城，歼敌一一九军军部及其二四四师一部；军主力南渡泾河，进至年井镇附近。

胡宗南集团开始误判我为少数地方部队袭扰，直至11日夜，敌十八兵团才恍然大悟，组织六十五军、三十八军沿陇海铁路向宝鸡急退。12日拂晓，在罗局镇遭我阻击。在此情况下，能否坚守罗局镇便成了保证夺取这一战役胜利的关键。二兵团四军向部队提出了"寸土不失""堵住敌人就是胜利"的口号，广大指战员以与阵地共存亡的决心，在罗局镇展开了十分顽强的阻击战。

12日9时许，敌三十八军和六十五军在密集的炮火掩护下，向十师三十团据守的罗局镇以东地区、二十九团二营据守的魏家堡铁路桥和二十八团二营阵地，轮番拼死冲击，力图冲出重围。三十团三营和三连接连打退敌人9次冲锋，三营营长、副营长牺牲，教导员重伤，全营打得只剩下40余人。二十九团二营五连仅余5人，仍死守阵地，未退一步，阵前敌人死尸遍野。正值伏天，烈日似火，炮火倾泻，硝烟弥漫，土塬上无水、人人干渴难忍。战士们喝尿、啃玉米秆也难以解渴，以致有的战士活活渴死。

11 时许，四军命十一师主力向十师阵地罗局镇、刘家塬靠拢，随时准备粉碎敌人向西突围之企图。三十一团于三十团左翼加入战斗，与三十团并肩从正面阻击，三十三团又在三十一团左翼向强家沟之敌进攻。

激战至 15 时，十师三十团三营阵地被突破，敌人冲到师、团指挥所 200 米处，师政委左爱和团政委李锡贵带警卫员冲上去堵击敌人。师长刘懋功飞奔至三十团左翼之十一师三十一团，令团长王学礼立即指挥该团两个营向敌人侧击，将敌人压下塬去。

17 时，我全线发起总攻。我十八兵团沿铁路向西攻击前进，二兵团三军由东北方向压过来，一兵团又从五丈原向眉县猛攻，敌人被压下渭河滩。各部队不顾疲劳、炎热，越战越勇。战至 20 时，除部分敌人泅渡渭河南逃外，其余均被歼灭；泅水南逃之敌 8000 余人也被占领眉县的一军俘获。13 日晨 3 时，四军十二师占领宝鸡，被群众称为"神兵天降"。三军攻克凤翔，二军进占宝鸡以南益门镇。扶眉战役胜利结束，共歼敌 44000 余人。

在这次战役中，二兵团四军打得相当出色，罗局阻击战为歼灭敌 4 个军起了关键作用，一雪 1948 年西府战役之耻，打了翻身仗，打出了威风。特别是十师，14 个小时昼夜急行军 150 多里，飞兵罗局，以伤亡近 2000 人的巨大代价，歼敌 6000 余人，其中俘敌 3100 多人，牢牢筑起了断敌退路的铁闸门。彭德怀高度评价了四军顽强的战斗作风，称赞"四军这次打得好，立了功"。这是自西北解放战争以来，彭德怀第一次表扬一个军。

决战兰州

1949 年 8 月举行的兰州战役，是西北解放战争史上规模最大、战斗最激烈的一次城市攻坚战。经浴血攻坚和激烈巷战，一野共歼灭敌青马主力八十二军、一二九军等部 2.7 万余人。此役敌方工事之坚固，防守之凶悍顽强，地形之有利于敌，均属前所未有。

8月20日，二兵团和十九兵团（欠牵制宁马的六十四军）进抵兰州城郊。21日，我军不待休息，除以第三军（兰州城西）担任总预备队外，其他4个军共出动9个团的兵力向兰州城南皋兰山之马架山、营盘岭、沈家岭等诸阵地发起试探性攻击。敌人非常顽强，据险死守，我军全线受挫，伤亡2000余人，被迫停止进攻。

经过3天休整补充和总结经验教训，25日晨，我军向兰州发起总攻。二兵团令四军向沈家岭之中狗娃山、下狗娃山敌一九〇师阵地进攻，而后向城西关发展进攻，六军进攻营盘岭敌二四八师阵地，而后向城南关发展进攻；三军由西向东配合第四军攻击狗娃山主阵地，得手后由南向北夺取西关，控制黄河铁桥，切断敌人退路。

沈家岭位于兰州西南5公里，为兰州锁钥。青马在此构筑了坚固的环形防御工事，守军为敌主力八十二军一九〇师五六九团，战斗力强，在军事上、政治上均进行了全力准备。四军以十一师担负攻占沈家岭的作战任务，十一师由三十一团正面主攻，三十二团沿沈家岭西沟乘夜暗隐蔽向敌阵地西侧实施迂回攻击，三十三团为二梯队。

25日晨总攻发起后，三十一团以爆破炸塌绝壁，二营于右，一营于左，向敌发起猛攻，首先突破了第一道堑壕，占领了3号碉堡。6时20分，在我炮火掩护下，又迅速攻占了敌1、2号碉堡。6时40分，突破了敌第二道堑壕，攻占了敌4、15号碉堡。此时，敌除以一部兵力监视我三十二团方向外，其主力转向正面进行顽强反扑，与我展开反复争夺冲杀。因地形限制，我炮兵不易充分发扬火力，步兵进攻受阻，伤亡越来越大，该团立即将三营投入战斗，一举将敌击退。敌见情况危急，即连续增调预备队，使用兵力越来越大，向我正面主攻部队疯狂反击。7时30分，十一师命三十三团从右翼加入战斗。两个团密切配合，又先后攻占了敌5、6、7、11、12、13号碉堡和主阵地之17号碉堡。敌见其主阵地将失，急调一〇〇师之骑兵团、五六八团一个营、保安四团、三五七师二团及一二九军工兵营等先后增援沈家岭。敌军官一面疯狂叫嚣"与阵地共存亡"，一面命令督战队驱使士兵冲锋，凡后退者当场砍杀，相继组织整连、整营以密集队形，裸胸赤臂，手持大刀狂吼乱叫，如狼嚎犬吠，蜂拥扑来，在主阵地上与我反复争夺、拼杀。面对疯狂的敌人，我指战员们同仇敌忾，勇猛顽强，以压倒敌人的英雄气概，予敌大量杀伤。此时，我伤亡也很大，部队建制已乱，弹药耗尽，一时补充不上，战斗受到很大影响。但指战员们主动合并建制，从敌人尸体上搜集弹药刀枪，与敌展开肉搏，坚守已得阵地，打退敌一次次反扑。

当战斗进行到十分艰苦的时候，四军前指于 11 时 30 分后陆续将预备队十师三十团各营投入沈家岭。三十一、三十三团仍坚守着正面宽约 300 米的扇形阵地，三十团各营到达后，密切协同，又击退敌人多次反扑。激战至 17 时左右，敌已兵竭力尽，士气低落，有动摇迹象。我十一师抓住有利战机，组织阵地上所有人员和火器，向敌发起最后攻击，经一个多小时的激战，连续打退敌 7 次大规模反扑。遭我致命打击的敌人仓皇溃逃，至 19 时，我全部攻占沈家岭。

营盘岭阵地由青马八十二军主力二四八师 5 个营驻守，山上遍布明碉暗堡，交通沟环来绕去；山脚削成了陡立的峭壁，上下山全凭环山公路；山前有一两公里宽的开阔地，对攻击部队很不利。25 日晨，六军之主力十七师向营盘岭主阵地发起总攻。之前在 21 日的试攻中，五十团七连有一个排没撤回，而是采取"贴膏药"战术，在敌阵地侧面的半山腰挖了几个窑洞蹲了下来。此时，贴在山腰的那个排发挥了作用，他们用爆破手段炸开了第一道陡壁，打开了突破口。守敌企图以强烈的火力封锁住突破口，支援十七师的炮兵照着敌人暴露的火力点就是一顿猛打。五十团二营接替攻击，敌人从交通沟中蜂拥而出，向我反扑。二营英勇迎击，打退敌人 3 次反冲锋，巩固了突破口并占领了敌人第一道防线。敌人不断组织疯狂反扑，与我反复争夺每一寸阵地。五十团向纵深发展的同时，五十一团和十六师四十六团也奉命从营盘岭的西面、东面加入战斗，向敌主阵地三营子猛攻，一举攻下了第二道防线。狡猾凶猛的敌人趁五十一团立足未稳之际，突然反扑过来，夺回已失的阵地。该团立即组织反冲击，战至午时，又将阵地抢回。营盘岭守敌受我三面围攻，伤亡惨重，一时无力组织较大规模的反扑，妄想依靠坚固工事顽抗到底。

下午1时，在强大炮火的掩护下，十七师五十团、五十一团和十六师四十六团向敌发起总攻。战斗在激烈地进行着，四十九团和十六师四十八团适时调了上来，加强了进攻的力量。血战进行了一个多小时，五十团首先攻入营盘岭主阵地集群工事，与守敌展开肉搏。刚刚插上敌人阵地的红旗，一次次倒下，又一次次竖起。15时许，我军终于占领了营盘岭主阵地。敌人并不甘心失败，二四八师师长韩有禄拼凑了一个营的兵力，亲自督战，从二营子方向反扑上来。刚刚占领阵地的战士们把敌人放得很近，突然轻重机枪一齐开火，手榴弹如落雨般在敌群中爆炸，后方炮兵及时提供火力支援，拦截敌之退路。反扑之敌死伤大半，一片混乱。五十团的勇士们犹如猛虎扑羊，跃出战壕，高声呼喊着冲入敌群，与敌人展开了最后的厮杀。敌人再也抵挡不住，慌忙退下二营子，龟缩在工事里，无力反扑。

经过整整一个白天的血战，二兵团和十九兵团主攻的4个军在各个方向上先后突破青马守军外围防线，敌我均伤亡惨重。当日14时，青马守军决定按计划主动逐次撤离阵地，这一情报一野无从知晓，仍准备在第二天全线出击歼灭青马守军。

当晚，青马守军除在前沿留少数部队与我军保持接触外，沈家岭、营盘岭、马架山等阵地残敌全部溃逃，企图趁夜经黄河铁桥向北秘密撤退。顿时，兰州城内陷入了一片空前的大混乱。非常巧合的是，这天傍晚三军七师十九团在狗娃山一带抓住敌2个逃兵，经审问方知敌酋马继援已下令全线撤退。十九团一面将这一重要敌情及时上报师部，一面马上摸上狗娃山，果然上山后发现阵地上满目狼藉、空无一人。23 时，十九团进占狗娃山，二十一团进占发电厂，继续向兰州西关和黄河铁桥突进。

十九团三营乘敌混乱向西进击，迅速控制西关城楼，并组织七、九连和机炮连全部火力，掩护八连向黄河铁桥猛攻。此时，敌人正从黄河铁桥蜂拥溃逃，桥面上车马拥挤。见此情景，八连突击队迅速冲向铁桥。桥头守敌拼死抵抗，八连集中火力支援突击队冲击，敌人纷纷倒毙。后续敌人仍大批涌向桥头，企图夺路逃窜。因距离太近，敌人又多，突击队迅速后撤 50 米与敌人脱离接触，调出全部冲锋枪向敌扫射，将敌压住。八连以火力封锁住桥面后，又引爆桥上一辆卡车，堵塞逃敌退路，致使桥面一片混乱，敌不少官兵落水或泅渡黄河而被淹死。26 日 1 时 20 分，黄河铁桥被我完全控制。

26 日 2 时，七师主力乘胜攻入城内，沿中山路和中华路向东、向南发展，与溃散之敌展开巷战。十九团从西关沿益民路向东攻击前进，5 时攻占城东教场。二十一团由西向南发展，击溃小股残敌后攻占南门。二十团进至十字街口附近，击退从十里山、窦家山、古城岭和马家山一线溃退下来的青马主力一〇〇师残部及其骑兵团数次猛烈反扑，彻底粉碎敌"最后一搏"，于 7 时占领东门。拂晓时分，十九团四连猛扑机场，俘敌滞留机场的 3 个保安团共 2500 余人，缴获军马千余匹和大批军用物资。天亮以后，我各部队先后攻入城内，至午时肃清残敌，兰州宣告解放。

兰州决战，二兵团所属 3 个军的表现都很出彩，展现出顽强坚韧的战斗力，但也付出了巨大的代价。四军之十一师在沈家岭与敌主力鏖战 14 个小时，打退敌大小反扑 30 余次，歼敌 3327 人，其中 84% 为毙伤。三十一团团长王学礼、三十二团副团长马克忠及前来支援的十师三十团政委李锡贵等以下 539 人英勇牺牲，1376 人光荣负伤。彭德怀称赞"打开兰州锁钥，四军再立新功"，一野和二兵团分别授予三十一团"勇猛顽强英雄团"和"真正顽强英雄团"称号。六军之十七师对营盘岭从清晨发起攻击，一直激战至下午 5 时，歼灭三营子主阵地守敌 1725 人，自身伤亡 1235 人，担任主攻的五十团牺牲 668 人，突击队七连几乎无人生还。三军之七师在战役中，果敢机断，以动制敌，抢占黄河铁桥，切断敌人退路，乘乱率先攻入兰州城内，歼敌 6000 余人，为战役胜利立下奇功。

【节选自《党史博采》，2020 年 2 月 22 日。】

决战兰州

◎ 罗元发

我对兰州是有特殊感情的。在纪念她解放 32 周年的时候，我曾又一次来到这里。兰州大变了。旧社会满目荒凉的兰州，如今有宽阔整洁的街道、鳞次栉比的楼房、烟囱林立的工厂。巍巍皋兰山像一座丰碑挺立在黄河之滨。它使我不禁想起了当年我军激战兰州城，血染营盘岭，全歼马匪军的战斗情景。

1949 年 8 月，刚刚和兄弟部队完成了解放八百里秦川的六军健儿，硝烟仍在，征尘未拂，即挥师向西，沿着西兰公路挺进 1400 余里，追歼青马，杀向国民党西北军政长官公署所在地兰州。

虽然时值初秋，但陇东高原的气候变化无常，时而狂风大作，时而烈日当空，炎热、缺水、风沙、暴雨、冰雹不断袭击，加上地广人稀、山大谷深，公路桥梁又遭敌人破坏，给大部队行军造成了不少困难。

但这点困难，在英雄的战士们面前，实在算不了什么。指战员们士气十分高昂，全军上下只有一个心愿，就是早日打下兰州，坚决消灭马匪军，迅速解放那生活在水深火热之中的兰州和西北各族人民！

兰州，自古以来为中原通往西南、西北的交通要冲，战略地位十分重要，为历代兵家必争之地。西安解放以后，国民党西北政局处于岌岌可危的境地。蒋介石在准备"引退"之前，把西北土皇帝马步芳扶上"西北军政长官"的"宝座"，于是这里便成为西北国民党用以反共的政治、军事中心了。

马步芳的气焰很嚣张，他觉得1936年红军西征途中吃过他的亏，1948年西府战役又占了一点便宜，便认为自己是"不可战胜"的。他把兰州守备的重任交给儿子马继援。城内驻守着他的主力八十二军和一二九军，城外左有九十一军和一二〇军，右有新编的骑兵军和保安团号称十万大军。马步芳大言不惭地说："凭着兰州依山临水的地形和抗战时期的'国防工事'，我不仅要保住兰州，而且要直下西安。"他的狂妄野心是，以胡宗南出兵天水击我侧背，再与宁夏马鸿逵来个三家联合作战，与我军决战兰州城下。

彭总遵照党中央、毛泽东主席的指示，在分析了马匪这一狂妄计划之后，毅然确定了将计就计，因势利导，转战陇东，坚决消灭马匪军，解放兰州和甘、宁、青各省，而后进军新疆的作战计划。

扶眉战役结束以后，7月中旬野司在虢镇文广村召开了军以上干部会议。彭总在会上说，自太原解放后，中央军委决定第十八、十九两个兵团进入西北，归一野指挥。从此西北敌我力量发生了根本变化。我军解放西安后，胡宗南逃往汉中，但用4个军"固守"在徽县、两当地区，目的在于待机北上。党中央、毛泽东主席批准了彭总提出的兰州战役计划，解放兰州对解放大西北有着十分重要的战略意义。这时彭总调整了西北野战军的作战部署：十八兵团（欠六十二军）附第一兵团第七军在西安、天水一线钳制胡宗南残部；十九兵团（欠六十四军）为右路，沿西兰公路直趋兰州；第二兵团为中路，经陇县、通渭西进，与十九兵团合歼兰州守敌；第一兵团附十八兵团六十二军为左路，取道陇西、临洮、临夏，直捣马步芳的老巢西宁，切断兰州守敌退路；十九兵团的六十四军在海原、固原地区钳制宁夏马鸿逵匪军。我们听了这个作战计划，充满了胜利的信心和决心。会后根据二兵团许光达司令员的指示，我们立即召开了团以上干部会议，积极进行西进的各项准备工作。

我六军为中路二兵团前卫，8月6日攻占了通渭县，切断了宁马与青马之间的联系。8月9日由通渭莲花镇出发，经定西、内官营、新营镇，16日部队到达榆中地区。

这天，我离开军部行列纵马向前，赶上了走在前头的十七师。师长程悦长同志一见我，急忙跳下马行礼问好。我们一起步行，边走边谈。他是湖北人，很小参加红军，作战勇敢，生活朴素，很受战士爱戴。他用地道的湖北土话对我说："军长，这次西进部队战斗情绪很高，执行政策遵守纪律也很好，请您放心。"接着他汇报说，通过回民区时，战士们都自觉遵守回族人民的风俗习惯，不借用他们的炊具，不与妇女交谈，尽量不进回民屋子，部队住宿时就在野外露营。他还说战士们沿途看见当地群众在反动派的残酷压榨下，过着缺吃少穿、以糠菜度日的生活，看见十几岁的大姑娘、小伙子还衣不蔽体，非常气愤，恨不得一拳砸开兰州城，解放甘、宁、青，为各族人民报仇！四十九团有个排长行军途中一直拉痢疾，但他坚决不留在后方。他说："我爬也要爬到兰州城下，不消灭马步芳死也不甘心。"听了这些情况，我真为有这样的战士而高兴。我问程悦长师长还有什么问题没有，他想了想问我："这次哪个师担任主攻？"我不禁笑了，知道他这是要求担任打兰州的主攻任务的。便对他说："你是要挑重担子，对吧？具体任务待野司和兵团明确了军的任务后再说。不过，决不会叫你失望的。"他听了这话高兴地表示："我们等待着把最艰巨的任务交给我们师。"

这时五十团一个连队开过来了。走在队伍最前面的是一个面孔黧黑、长着络腮胡的中年人。他身上背着好几条米袋，肩头上扛着两支三八枪，走起路来昂首阔步，好像有着永远使不完的劲。我问程师长："这个干部叫什么名字？"他说："五十团三营七连指导员曹德荣，是个很好的政工干部。"我心想：一点不错，烈火出真金，我们这个革命熔炉里不知炼出了多少优秀人才啊！待全国解放了，他们都是建设新中国的好干部。

浩浩荡荡的支前队伍尾随部队开过来了，大车拉的、毛驴驮的都是粮食弹药。民兵们扛着担架，一个个喜气洋洋，要为支援子弟兵、解放兰州贡献一份力量。我对程师长说："陕北人民对中国革命做出了特殊贡献，为了支援我军西进，他们早就动员组织好了。"程师长说："有人民的大力支援，部队更是信心百倍。"

我们谈得正起劲，忽见前面两个骑兵侦察员飞马跑来报告："榆中县城被我侦察连占领了。"从他们报告的情况得知，敌人约有一个骑兵连在榆中担任侦察任务，遭我突然袭击，即向兰州方向逃去。我命令程悦长率十七师攻击前进，先头部队首先摸清兰州以东马架山一带的情况。当晚部队住在榆中县城。

在榆中，接到兵团电报：野司决定调整部署，原来我军是担任攻击马架山的任务，现改为攻击皋兰山主峰营盘岭。我们的左翼是沈家岭，由四军负责；右翼是马架山，由十九兵团六十五军负责。野司要各部队务于8月20日前扫清外围，从东、西、南三个方面完成对兰州守敌的包围。接到命令后，我命令十六师和十七师迅速向兰州西南攻击前进。19日，十七师攻占了9条路口、靳家庄西山以及郭家寺阵地，十六师也按时完成了扫清外围的任务。战斗中，敌人像个乌龟，一打就缩回去了。显然，他们放弃外围的守备，是为了集中兵力固守皋兰山主阵地，但有些同志却误认为这是敌人掩护其主力撤退的象征。他们认为南京、太原和西安相继解放，眼看大势已去，敌人未必固守兰州。我同张贤约政委及其他几位领导交换意见，一致认为这种看法是不对头的，应及时纠正。我在部署战斗的同时，强调了加强部队的政治思想工作。我们担任攻坚战的光荣任务，就要深入政治动员，发扬英勇奋战、不怕牺牲、克服困难的革命精神。饶正锡副政委在各师团领导干部会议上说："彭总告诉我们，兰州是解放西北关键的一仗。由于马步芳利用宗教、迷信，搞反动宣传蒙骗士兵，因此要加强政治攻势，瓦解敌军，就显得更重要了。还要注意严格执行俘虏政策。我们要在胜利面前再鼓一把劲，誓将革命进行到底，为解放兰州、解放大西北、解放全中国而奋斗！"同时，要求各部队注意防止和纠正轻敌急躁情绪。

会后，十六师政委关盛志、主任魏志明，十七师师长程悦长、主任张世功，根据各部区分的任务，反复动员提出了具体的要求，发扬政治工作的威力，发扬党团员在战斗中的模范作用，坚决执行命令，完成战斗任务，开展火线立功运动，等等。之后，各部队立即进入了各种战斗准备工作。后勤部长郑云彪同志，为保证部队供应，组织全军的后勤人员到榆中各地区筹集粮食，将各种物资、弹药及时运送到前线，并把民工、支前担架分配到各师的阵地上。军、师卫生部门开设了救护站等。为了便于指挥，我们将军部移到九条路口以北的邵家泉一带。

这天，天气晴朗，万里无云，我们来到了邵家泉，这里位于兰州正南方向，可以看到即将进攻的皋兰山的概貌。我们刚刚住下，值班参谋就跑来报告："彭总来了。"听到这个消息，军里几个领导同志异口同声地说："彭老总来得好快呀！"我连忙同张政委、饶正锡副政委、陈海涵参谋长迎到村口，却不见他的踪影，经打听才知道彭总没有到军部就登上对面的山头了。我连忙告诉陈参谋长，要司令部通知前面的部队特别注意警戒，同时通知团以上主要领导干部，迅速赶上山来看地形。

我们上山后见到彭总，他高兴地同我们一一握手问好，简单地询问了部队情况以后，便站在一个高坎上，举起望远镜向皋兰山瞭望观察。这时，各师的同志也陆续来到，大家同彭总一起看地形。

巍峨的皋兰山，呈现在我们眼前。我首先看的是我军将要进攻的营盘岭，它位于皋兰山的中央，与敌人设在西边的沈家岭和东边的马架山阵地，互相衔接，互为依托，并以抗日战争时期修建的"国防工事"为骨干，构成对我军的整个防御体系。皋兰山以营盘岭为最高，能否拿下它，是我六军能否胜利完成这次战斗任务的关键。看到这里，彭总指着营盘岭下面一个名叫下庄的小村子对我说："根据这个地形和敌人设防的重点，你们很好地组织侦察弄清敌人火力，再好好研究一下，如何从正面突破。"

在战术上彭总历来要求我们尽量从敌人的侧翼实施迂回、分割和包围，可是这次为什么要我们从正面突破呢？我怀着矛盾的心情再把敌人的阵地仔细看了一遍，原来营盘岭顶上有一组用钢筋水泥筑成的环形集团工事，那是营盘岭的主阵地。以此为依托，敌人将山崖削成3道峭壁，每层约3丈高，设了3道防线。最下一层更高，三四丈的样子，它的下面就是下庄。再看主阵地的东西两侧，都是悬崖绝壁，难以攀登，而且敌人可能料到我们善于使用迂回战术，加强了两边的火力配备。若是从侧翼主攻，必然上当，而从正面攻是比较妥当的。因此，我向彭总提出了我的想法：主攻部队在强大的炮火支援下从下庄正面攻击，以少数兵力从侧翼助攻，吸引敌人火力，正面得手后再从两翼投入兵力。彭总点了点头说："这样才好。"

看了一阵，我们在山背后找了个地方坐下来。彭总摊开地图，一面看图，一面让大家各抒己见，谈谈打法。于是大家你一言我一语，毫无拘束地谈起来，大家的看法和彭总的想法基本一致，觉得从下庄强攻比较好。也有个别同志认为：当前形势是"秋风扫落叶"，马匪军未必死守兰州。彭总一听，严肃地批评说："这是你的一厢情愿，马家父子才不那么想哩。"他看大家不再讲话，又语重心长地说："'知己知彼，百战不殆'，马继援是六军的老对手，西府战役的教训还不够深刻吗？"一句话，拨动了同志们的心弦。回想起去年在陇东、西府与马匪军作战时，由于我们轻敌，遭受了严重的损失，我们有些重伤员惨遭敌人杀害。所以，一提起马继援，六军指战员无不咬牙切齿。彭总又说："马步芳、马继援父子都是反动透顶的家伙，他们是不到黄河心不死的。像个大赌棍一样，他们很善于搞'孤注一掷'。直到今天，马步芳还自恃'固若金汤'的防线，凭险可守的地势，把最后一点赌注全押在兰州。以为我们是长途跋涉，后方运输线长，补给困难；而他们则是以逸待劳。马匪军妄想吸引我军主力于兰州城下，消耗我军有生力量，等待胡宗南反扑关中。然而，这个赌棍有他狂妄的一面，也有他虚弱的一面。他那点本钱毕竟是有限的，我们一定要他在这里输得精光。"

彭总的这一席话，再次阐明了兰州战役的指导思想，对大家启发教育很大，我感到特别振奋。突然，他问道："这次是哪个团主攻？"程悦长同志回答："五十团。"彭总说："走，到他们那里去看看。"

到了五十团看完阵地后，彭总直到连队，看了看战士们搭的草棚，用手摸摸铺草，问寒问暖，大家感到分外亲切。彭总来到七连，战士们都拥到彭总身边。彭总问大家："对打下兰州你们有信心没有？"指导员曹德荣同志坚决地说："我们一定能够完成上级交给的战斗任务！"彭总又问："为什么？"有的战士说："有人民群众的支援！"有的说："有毛泽东主席军事思想的指导，有彭总的直接指挥，我们信心百倍！"还有的说："有兄弟部队的密切配合。"彭总笑了笑说："最重要的是人民的大力支援，其次是你们的英勇善战。"

分别的时候，彭总紧握我的手说："罗元发同志，你们要注意不可轻敌急躁！还有两天时间，要抓紧准备。"

彭总走后，我们把团以上干部留下来开了个会，区分了各师的任务，布置了战前的准备工作。根据彭总的指示，会上张政委和我都反复强调要深入政治动员，防止轻敌急躁情绪，充分做好各项准备工作。会后，饶正锡副政委要求军师两级都派出检查组，深入连队了解情况，指导工作。

20日，野司发布了作战命令：命令各军于21日拂晓在全线发起攻击。

命令传达到部队以后，全军上下情绪高昂，久已集聚在心头的对马匪军的深仇大恨，好像火山爆发一样，"彻底消灭马家军，为解放兰州人民，为解放大西北的关键一战而杀敌立功"的誓言，响彻云霄。当天夜里，各师按预定方案，进入指定的位置，各种火炮也进入了阵地。

21 日 6 时，解放兰州的战斗开始了。一阵阵炮火向敌人猛烈轰击之后，十七师五十团直扑营盘岭脚下的下庄。三营一马当先，在团长刘光汉、副团长杨怀年同志的指挥下同一营迅速占领了下庄。与此同时，担任夹攻任务的十六师四十六团，也从范家营方向插了进去。

过了一阵，十七师司令部报告说："五十团攻击受阻。""怎么回事呢？"我在电话里问程师长。据他讲，刚才发起攻击时，我们的炮火只摧毁了敌暴露在前沿的工事，未能彻底摧毁暗堡。当炮火转移时，躲在狗洞里的敌人钻了出来，拼命用火力拦阻，使担任爆破的分队难以接近崖壁，无法实施爆破。他们正在重新组织火力，准备再次突击。我又打电话问十六师，吴宗先师长报告说：他们那里的情况也不好。四十六团的部队正面受到敌人阻击，地形不利，在运动中又受到三营子和马架山两面火力的射击，伤亡较大，该团一营副教导员李光华同志牺牲了。我听到这个消息，内心感到很沉痛。光华同志是一位优秀的政治干部，我曾多次见过他。抗日战争时期，他曾在刘少奇同志身边当公务员。开七大时随少奇同志到了延安，以后把他送到抗大二分校学习，毕业后分到教导旅一团（即十六师四十六团）工作。两年来，无论在工作上还是在战斗中，一贯表现很好。他身患胃病，但一直坚持行军作战。在即将取得全国胜利的前夕，他却在皋兰山下光荣地牺牲了。

战斗继续进行，敌人还在负隅顽抗。从西边沈家岭的狗娃山到东边的马架山，都打得非常激烈。友邻部队四军和六十五军正同敌人展开肉搏战。战斗持续了几个钟头，我们向营盘岭的攻击，始终未能奏效。面对这种情况，大家都很着急。究竟是打还是改变主攻方向？我的心里一直在思谋着。如果再继续打下去，必然招致重大伤亡，而且难以得手；假若撤下来，势必影响全局。正在这个时候，兵团转来野司的命令：全线停止攻击。

我立即命令各师停止攻击，黄昏后撤回原地，集结待命。十七师接到命令后，程师长报告说："我们研究了，觉得进攻到三营子脚下的五十团三营撤下来不好，不如将他们留下，在敌人眼皮底下贴上一张'膏药'，为下次进攻创造条件。团主力撤到距下庄二里路的上庄，以便策应他们。"原来这种"膏药战术"是他们1947年4月在陕北攻克蟠龙镇时的发明创造，彭总曾经表扬过他们，今天在打兰州时又用上了，所以我批准了他们的建议。

当天下午，军里召开了作战会议，检讨这次进攻受挫的原因。大家认为：我们的火力太弱，而且比较分散；战前对地形和敌人的阵地构筑以及火力配备情况摸得不透；四十六团进攻道路选择不当；等等。我个人认为，根本的原因还是对彭总防止轻敌急躁的指示体会不深，贯彻不力，具体表现在战前准备不够充分、不够细致。这不能怪下面。作为军长，我首先应当承担责任。会议正进行中，值班参谋报告说，野司首长找我接电话。我跑到值班室，拿起话筒，听到一个十分熟悉的声音："罗元发同志吗？我是彭德怀。你们那里的情况怎么样啊？"此刻我真像一个考试不及格的小学生去见老师一样，以内疚的心情向彭总报告了战斗经过和进攻受挫的原因，并作了一些自我批评，也准备接受彭总的批评。然而彭总却说："这个不要紧，'吃一堑，长一智'嘛！不过这样一来，倒是给你们那里抱有'秋风扫落叶'观点的同志狠狠泼了一瓢凉水就是了。"听了这话，我会心地笑了。彭总又说："四军攻狗娃山，六十五军攻马架山也未得手。看来野司发起总攻的时机是仓促了些，使你们的准备工作受到一些限制。"接着，彭总对我简略地讲了当前西北的战局：退守川陕边界的胡宗南，最近给兰州守敌指挥官马继援发来一个电报，为马家父子打气，要他们坚守兰州，胡宗南准备趁我主力攻击兰州，后方兵力单薄的机会，与宁夏的马鸿逵相配合，袭击宝鸡和天水，威胁我军后背，得手后，再由东向西，与坚守兰州的马家军里应外合消灭我军于兰州城下。据最近的情报来看，胡宗南已经带领残兵败将从秦岭方向向我宝鸡、天水、西和和礼县等地进犯，遭到我十八兵团六十一军和七军的坚决抵抗。为了粉碎胡马联合夹击我军的阴谋，我们必须坚决拿下兰州。因此，彭总要求我们："再给三天时间，充分进行准备，争取一举攻克营盘岭！"我在电话中表示："坚决完成任务！"最后彭总问我："有什么困难没有？"我说："别的没有什么，就是军里的炮火弱了些。"彭总果断地说："那好吧，我同司令部讲一讲，把野司野炮团拨给你们指挥。"

我兴冲冲地回到会场，传达了彭总的指示。大家一听感到非常兴奋，一致表示，要千方百计，以坚决攻克营盘岭的实际行动，回答野司首长对我们的关怀。接着，我们又逐项研究了再次攻击的各项准备工作，并将部署作了一些调整，同志们高高兴兴地返回部队去了。

在以后的三天里，"充分进行准备，争取一举攻克营盘岭"，已成为全军上下的一致的行动。无论前线和后方，无论部队和机关，都紧张地投入了战前准备。这时，二兵团副政委徐立清同志率检查组来我军了解情况并指导工作。他是我军的老政委，情况熟悉，刚一到就下部队去了。野司首长和兵团首长的关怀，使我们很受鼓舞。

野司野炮团及时赶到了。当13门野炮和3门榴弹炮，由骡马牵引着隆隆地走过九条路口时，住在那里的机关干部、战士都兴高采烈地跑来观看。上山时，因坡陡路窄，牲口拖不上去，十六师司令部通讯科长、党支部书记许会增同志一声号召："同志们，来呀！把炮推上去！"站在路旁的同志们一拥而上，驻在附近的军师两级机关干部也跑来了。大家组织起来，修路的修路，推炮的推炮，忙得不亦乐乎。徐立清副政委和兵团检查组的同志也闻讯赶来，参加这场紧张的"战斗"。经过大家的努力，终于将十几门野炮推上山去了。23日，天下起雨来，由于炮阵地靠前了，前面又无路可走，军里又组织了几十名干部战士，克服了天黑路滑等困难，将大炮拆成几大件，在夜幕的掩护下，运到阵地上去了。

由于野司的支援，我们的炮兵火力大大加强了。鉴于上次火力分散的教训，我们决定全军的火炮集中使用。共计野炮13门，山炮15门，榴弹炮3门，重迫击炮3门，再加上团的19门迫击炮，组成两个炮兵群，由两个师的副师长和炮兵团团长负责指挥。十六师由吴宗先师长直接指挥。十七师由副师长袁学凯同志指挥。袁学凯同志亲率炮兵营干部到前沿仔细观察，对敌主阵地上的目标逐炮进行了分工。除以主要火力摧毁敌主阵地掩护步兵冲击以外，还组织一部分火炮专门压制敌人的炮兵。

24日，我同军的几位领导同志以及程师长一同冒雨来到五十团，见他们正在进行沙盘作业。刘光汉团长便指着沙盘上标明的敌我位置，向我们报告了他们这几天抵近侦察敌情和地形的情况，以及他们对敌情的分析和判断。贴在敌人身上的那张"膏药"，即我们三营的同志们，以惊人的毅力和顽强的斗志，坚守着阵地。敌人把他们视为肉中刺，白天以火力严密封锁，轻重机枪不断向我扫射，并向下投手榴弹，发射枪榴弹，就是不敢下山。而我们的战士则隐蔽在早已挖好了的背向敌人的窑洞里。夜晚敌人生怕我们发动突然袭击，一面用浸了汽油的棉花包点燃后向下扔，一面虚张声势大号大叫，借以壮胆。战士们识破了敌人的"恐吓战术"，于是利用敌人的恐惧心理，不断袭扰、迷惑敌人，使敌人坐卧不安。整整三天三夜，三营的勇士们在战壕里一边坚持战斗，一边进行近迫作业，克服了难以想象的缺水少粮等困难，死死地粘住敌人不放。同时，团司令部根据上次战斗的教训，组织连营干部，使用各种方式，日夜轮流地对敌进行阵前观察，摸清了敌人的工事构筑和火力配备的情况。

听了刘团长的报告，我们感到很满意。张政委和我都高度赞扬了三营顽强战斗的精神。程师长考虑到五十团上次进攻时有较大的伤亡，尤其是三营伤亡更大些，这几天又很疲劳，提出是否将他们的任务调换一下。团里几位领导同志都不同意调换任务。我想，程师长是出自对他们的关心，但考虑到这是个老部队，抗日战争和解放战争中战功卓著，目前士气又是如此高涨，中途调换任务，于作战不利，而且会使部队情绪受影响，因此同张政委研究决定还是不要改变。为了加强进攻力量，十七师以五十团为突击队，主攻营盘岭正南敌阵地；十六师以四十六团主攻，四十八团为预备队，攻击营盘岭东南敌人阵地。两个炮兵火力队配置在九条路口、梁家山及郭家寺，集中火力摧毁敌人主阵地，压制敌人反击，掩护突击队的进攻。

8月25日6时，雨过天晴。我进入了前线指挥所。举目四望，周围一片漆黑，点点繁星，在夜空里闪闪烁烁。习习微风吹来，使人感到很凉爽。皋兰山上下平静得出奇，连稀疏的枪声也听不见了。经过连夜的袭扰，敌人已经疲惫不堪，眼下可能正蜷缩着身子，做着黄粱美梦呢。他们何曾想到，在静静的营盘岭下，千万个战士杀敌复仇的火焰正在熊熊燃烧，霎时间这火焰就将把敌人烧成灰烬。

一分钟、两分钟、三分钟……我的两眼紧盯着时针，然而今天这表好像走得特别慢。6点30分，突然，两颗红色信号弹腾空而起，总攻开始了！我立即命令："开炮！"霎时间，整个营盘岭发出惊天动地的巨响，一条条火舌，带着指战员们的深仇大恨，飞向敌人阵地。只见敌人阵地上硝烟滚滚、火光冲天，打得敌人晕头转向，我们的战士不断拍手欢呼："打得好！打得好！"经过30多分钟猛烈的炮火轰击，敌人的炮兵变成了哑巴，敌阵地上血肉横飞，一片混乱。发起冲击时，十六师的四十六团同时发起攻击，在他们紧密协同下，在强大的炮火支援下，五十团健儿如蛟龙出渊直扑下庄，迅速与坚持阵地的三营会合之后，立即向敌前沿阵地逼近。这时候，敌人急忙爬起来抵抗。我们的轻重机枪一齐向敌人猛烈开火，一场血战开始了。枪声，炮声，手榴弹、炸药包的爆炸声响成一片。子弹打光了用手榴弹，手榴弹打光了拼刺刀，刺刀折了赤手空拳和敌人肉搏。前仆后继，视死如归。有的连队只剩下十几个同志，几次命令后撤休息，但他们一直要求坚持战斗，战士们说不把红旗插上营盘岭决不下来。战斗英雄陈全奎同志，把两颗手榴弹捆在一起，一连投掷了30对，打垮了敌人的反扑，负了重伤，坚持不下火线。当部队冲锋到营盘岭主阵地时，由于峭壁又高又陡，土质坚硬，突破口未被炸开，敌人凭借钢筋水泥暗堡拼命抵抗，我军几次攻击都未成功。运动到前沿的四个连队一时上不去，下不来，暴露在敌人的火力之下。我们十分着急，在电话中要十七师五十团团长刘光汉同志尽快组织爆破。打完电话，我正要动身到十七师去察看情况，忽听得"轰"的一声巨响，我急忙走出指挥所举起望远镜一看，敌人正面第一道防线被炸开了一道斜坡，战士们正从这道缺口向山头冲去，一面红旗在头道崖坎上飘扬。红旗，胜利的象征。红旗，指示炮火延伸的标志。我即命令各师的炮兵猛烈向敌纵深轰击。

是谁完成了这次爆破任务为部队开辟了前进的道路呢？程悦长同志在电话中激动地报告："七连指导员曹德荣同志舍身炸峭壁，为解放兰州英勇牺牲了。"我放下电话直奔十七师师指挥所。

原来，总攻时七连担任突击队任务，发起冲击时，曹德荣同志带着一部分战士负责运送炸药，身上两处负伤。当他看到连续三次上前爆破的同志都牺牲了，峭壁尚未炸开，进攻部队暴露在敌人火力之下，眼看就要遭到重大伤亡。在这紧急关头，曹德荣同志负伤不下火线，坚持战斗。他一下子抱起三个炸药包大喊一声："跟我来！"首先冲了上去，两个战士应声跟了上去，快接近峭壁时，敌人射来密集的火力，一个战士牺牲了。曹德荣同志心中升起一团火，他扔出两颗手榴弹，趁着浓烟升起的一刹那间，抱起沉重的炸药包，强忍着浑身剧痛，左翻右滚终于和另一个战士靠近了峭崖。峭崖被削得如同墙壁，没有支架，无法发挥炸药的威力，曹德荣同志朝身后的战士交代了一声，便双手托起炸药按在崖壁上，回头向那个战士喊道："快拉火！"那个战士有些犹豫，曹德荣同志大声喊道："我命令你拉火……"战士含着泪拉开了火，翻身滚下山坡。一声震天响，峭壁破开了，英雄曹德荣为了人民的解放献出了自己的生命。

　　战士们高呼着曹德荣的名字，冲入敌阵地，迅速占领了敌人第一道防线。残敌纷纷后退到第二道防线以内，组织反扑，妄图夺回失去的阵地。战士们心中燃烧着为曹德荣报仇的怒火，连续打退了敌人的五六次反扑，阵地前躺满了敌人的尸体。这时，十七师五十一团也从西边攻上来，十六师四十六团也从东面向三营子进攻，我们巩固了已夺取的阵地。经过短暂的准备，再一次迅猛地发起攻击之后，又占领了敌人第二道防线。狡猾的敌人，趁五十一团立足未稳就猛扑过来。五十一团的阵地被敌占领，使五十团受到威胁。程师长当机立断，下令"反冲击！坚决夺回阵地"。经过一次又一次的激烈争夺，终于把阵地夺回来了，但是也付出了很大的代价。这时已是中午12点钟左右，四军已将沈家岭的狗娃山攻下来了，在右翼的六十五军，经过反复战斗，打垮了敌人十几次反扑，打得英勇顽强，正胜利地向前发展，解除了我们东西两面的顾虑。下次战斗轮到夺取营盘岭制高点主阵地上那个最坚固的集团工事，而在前两次进攻中部队伤亡较大，建制有些混乱，需要立即进行必要整顿。因此我们决定进行一个小时的准备以后再攻击。为了减少伤亡，我们要求师、团两级严密地组织火力，搞好步炮协同；向敌人梅花形钢筋水泥工事进攻时，采用纵深梯次进攻的方法逐个占领。占领一个，巩固一个，稳步前进。

　　下午1时，开始了夺取敌人最后一个顽固堡垒的战斗。在强大的炮火掩护下，十六师四十六团和十七师五十一团从东西两面发起进攻，五十团仍从正面攻击。四十九团也从纵深调上来，参加战斗，打得很英勇。十四时，五十团攻克敌人集团工事。我们命令四十八团加入战斗。各部队同时发起进攻，不一会儿，三面红旗先后在敌阵上竖起来了！但刚刚竖起，旗杆就被打断，红旗落了下来。又竖起，又落下；再竖起，再落下……就这样，红旗反复起落七次，每一次起落，都有不少同志流血牺牲。到了第八次，就有十几面红旗在营盘岭敌主阵地上竖了起来。营盘岭全部被我占领。但是，敌人还不甘心失败，敌二四八师师长亲自督战，组织了一个多营的兵力，从二营子方向反扑上来，而我军战士早在阵地上"迎候"着。在炮火配合下，轻重机枪一阵"点名"之后，五十团的勇士们齐声高呼："为曹指导员报仇，冲啊！"犹如猛虎扑羊，经过激烈的反复搏斗之后，我军各部队将敌人赶下二营子。当晚，二营子和头营子均被我占领。

敌人全线溃退。我军乘胜追击，直抵兰州城下。那位当了不到一个月"西北军政长官"的马步芳，眼看着即将全军覆灭，只好乘坐飞机逃跑了。我兄弟部队在坦克部队先导下冲进城里，曾经不可一世的马匪军树倒猢狲散，争相夺路逃跑。

26 日晨，我六军进入兰州城内，同兄弟部队三军、四军和十九兵团的部队胜利会师。马继援见势不妙，提前逃出城外仓皇逃往青海。马步芳惨淡经营几十年的一点"赌本"，在这里输得精光，兰州回到了人民手中。

拿下营盘岭以后，我沿着部队进攻的道路向前走去。途中见到我们的战士怀着胜利的喜悦，正在打扫战场。缴获敌人的武器弹药及其他物资堆积如山。一群满面污垢的俘虏被我们的战士押下山来。一个个正惶恐地听着我们的同志向他们宣传我军优待俘虏的政策和我党民族团结回汉一家的一贯主张（他们受马步芳利用宗教、迷信反动宣传的毒害太深了，有的还跳下黄河企图逃走，困在沙滩上过不去，又被我们的战士用羊皮筏子把他们救了回来）。在 400 多具敌人的尸体里面，我们发现有 20 余人是用马刀砍死的。这是他们为马匪军卖命反而做了马匪军官"督战"的牺牲品的铁证。这也是马家父子反共反人民的下场，他们只能是这个下场。

掩埋烈士的同志对我讲：他们在曹德荣烈士的遗体上发现他的手指上缠满了手榴弹拉火环和拉火线。这是他忠于党、忠于人民而英勇杀敌的真实见证。其实，用鲜血和生命开辟胜利道路的何止他一人呢？十六师四十六团，也是三营七连主攻，全连 170 多人，下战场时只剩有 7 个同志。而曹德荣同志领导的十七师五十团七连，只剩下 26 个同志了。五十团三营共有 16 名连级干部，下战场时仅剩下 2 人。这是一场名副其实的血战。为了表彰曹德荣同志和他所在的七连的光辉战绩，军党委决定授予七连为"德荣连"的光荣称号，追认曹德荣同志为"特等爆破英雄"。

黄昏时刻，我漫步在营盘岭上。夕阳，映照着红旗，映照着烈士的鲜血，皋兰山上一片红。面对此情此景，我不禁自言自语："皋兰山，你是历史永久的见证；兰州，是无数人民子弟兵的鲜血换来的！"

彭德怀司令员指挥西北野战军进行的兰州战役，以摧枯拉朽之势横扫敌军，取得了伟大的胜利。这一仗歼灭了马步芳的精锐主力，彻底粉碎了马步芳"挽狂澜于既倒，定乾坤于西北"的黄粱美梦。兰州大捷威震西北，敌军丧胆。我军乘胜继续追歼残敌，一鼓而下西宁，再鼓而下银川，并迅速横穿河西走廊，控制了兰新公路，为新疆的和平解放创造了有利条件。

兰州战役之后，虽然我军仍进行过一些战斗，但从战略上讲，这已是我军在西北战场的最后一仗了。

【选自《罗元发回忆录》，光明日报出版社 1995 年 8 月第 1 版】

原国民党将校军官回忆兰州战役始末

◎ 史载忠　马迪甫　李庆芬　马义明　马尚武

一

1949 年 7 月初，马继援退居平凉后不久，马步芳派副长官兼参谋长刘任携带作战方案到静宁，与马继援商议，妄图在宁夏、陇南两个兵团的协同下，利用兰青公路沿线的三关口、固关、马鹿镇等隘口和解放军作战。但接踵而来的是固关一战，旅长马成贤负伤，全军被歼。同时，电台窃获马鸿逵令卢忠良率部迅速撤回宁夏的消息，宁、青两马的勾结，再次瓦解。所谓的关山阻击作战方案遂成泡影。

8月初，马继援率部退至定西，计划利用这一带山高沟深的地形打阻击战，而马步芳已确定在兰州进行防御战，父子意见相左，相持不下。马步芳又派副长官兼参谋长刘任携带坚守兰州的作战方案到定西，召开军事会议进行讨论。参加这次会议的有马继援、刘任、马步銮、卢忠良、王治岐、赵遂、马文鼎等。马步芳计划坚守兰州的理由是：

（一）兰州北临黄河，南有险峻的皋兰山可作屏障，易守难攻，和青海、新疆、宁夏有公路脉络相连，接济方便。加上地势、物资储备等优越条件，有利于内线防御战斗。右翼的新编骑兵军以临夏为基地，配合骑兵第八旅、骑兵第十四旅及附属于5个步兵师的5个骑兵团，兵力不算单薄。在化隆、循化组成以马全义为军长的新编步兵军，作为后备力量。左翼由兰州以黄河沿岸为阵地，有卢忠良率领的宁夏兵团及马鸿宾的第八十一军，以及第一二〇军、第九十一军进行防御，乘机可由靖远出兵定西，截断西兰公路，断绝共军的运输线。

（二）过去青海马家军打孙殿英在宁夏境内，打藏兵在青藏边境，打红四方面军在甘肃河西，这次仍然要把战火燃烧在青海境外。

马步芳又另派特使到定西，向儿子面授机宜，两人在城外树林里，密谈半晌。马继援即改变主张，表示尊重其父意旨，同意坚守兰州的作战方案。

同时，会上马文鼎等曾提出"河川防御"的作战方案。其理由是：兰州虽有皋兰山作屏障，背靠黄河，有利亦有弊，如大兵团作防御战，胜则在重叠的山峦中机动部队无法进行逆袭，战果不大；败则只有一座铁桥，不能及时退却，就有被动挨打遭受覆灭的危险。所谓"河川防御战"就是：1.把大兵团完全摆在黄河北岸。东起宁夏西至甘肃永靖及青海境内的民和、循化，布置重点防御，沿线满布哨卡；共军渡河，既无船，又无桥，哪里发现共军渡河，就在哪里以重兵袭击。2.兰州外围由东岗镇到皋兰山、沈家岭、狗娃山等险要地带，派出少量部队，凭险进行阻击；经过一段时间，完成消耗任务后，主动放弃兰州，撤到河北。3.所有储存在兰州的弹药、粮食及重要物资，全部运出；解放军到了兰州，只剩空城一座，首先兰州 20 万居民，及共军大队人马食粮，立即会发生恐慌。4.陇、宁两兵团粮食可由宁夏、河西、青海广大地区源源不断地接济，弹药可空运到青海、河西、宁夏等机场，接济军需。但讨论的结果，仍然是尊重马步芳的意见，采用了前者。

会后，王治岐回到陇南礼县、西固山区防地后，还给马继援发来电报，大意谓：防守兰州利客不利主，胜则无战果，败则无退路，愚见当否，请作参考。

马继援在定西军事会议结束后，因固守兰州已成定论，就令第八十二军所属 3 个步兵师（第一〇〇、一九〇、二四八师）从速开赴兰州，准备防御工事，第一二九军及骑兵第八旅殿后。骑兵第十四旅已补充完整，驻在兰州。马继援本人于 8 月 10 日离开定西，当晚 6 时多到达兰州，指挥部临时设在河北沙沟邻近的延长堡地区。

接着很快召集军师负责人及作战参谋人员，对马步芳提出的作战方案及兰州地形，作了仔细研究，一直到深夜。随后，马继援和马步銮、谭呈祥、韩有禄、马振武及以马文鼎为首的作战参谋人员组成阵地勘察小组，一同乘车循环山公路到皋兰山中央的营盘岭，对东面的主要阵地豆家山、古城岭、马架山、西兰公路以北的十里山，西边的沈家岭、狗娃山都跑了一遍。一直到黑夜返回指挥部，令侦察小组连夜将各处防御阵地内既有钢筋水泥工事设施，及尚应补充修建的防御工事，作出详细报告并绘制防御要图，以便开会时提出，作为部署兵力的依据。

8 月 12 日晨 5 时，各军师旅负责人及作战参谋人员一起到指挥部，西北军政长官公署副长官兼参谋长刘任也参加了这次会议。会上仔细研究和审核了侦察小组提出的报告和建议，其内容如下：

（一）皋兰山是兰州的天然屏障，主要阵地在抗战时期筑有钢筋水泥碉堡群，通向城内的环山公路与其他阵地相连接，物资运输极为便利。在此基础上,对外按地形坡度削成高 5～10 米的峭壁,峭壁腰部挖暗藏的侧射机枪掩体,峭壁外面挖外壕,深四五米,各壕间均筑暗堡和野战工事,交通沟暗道相通,阵地前设置铁丝网,密布地雷群。

(二)营盘岭位于皋兰山中央,和东边马架山、西边沈家岭阵地相衔接,彼此依托,互为应援。这个阵地,有一组钢筋水泥构成的环形集团工事,将山崖削成 3 道防线,每层高 3 丈,最下层的更高一些,使难于仰攻,无法接近。

(三)豆家山位于兰州东南约 10 公里,紧扼西兰公路,地形险要,是兰州东南防线的要冲,也是兰州的东大门。十里山是兰州城东的屏障,北临黄河,南接豆家山,西与马架山相接,西兰公路由其东南折向西北,从这山谷中通过,山势陡峭,地形复杂,易守难攻。在原有的阵地基础上,再补充构筑工事,使之:

1.各火力点构成三角和四方形阵地,各阵地核心筑有黄土覆盖的隐蔽钢筋水泥地堡,火网交叉无死角,交通沟相连各火力点。在主阵地周围,挖两三道外壕,既能独立作战,又可互相支援。

2.在山腰部用人工削成两三米不等的绝壁,并利用绝壁向外挖成轻重机枪射击孔,在进攻易于接近的地段,设置滚木和内装炸药的汽油桶。这种"飞雷"爆炸起来可大量杀伤进攻部队。外围埋设铁丝网和地雷群,这样,兰州的东大门就能守住。

(四)沈家岭、狗娃山是两座山梁,在兰州西南 10 里左右,两山相接,狗娃山在沈家岭西,山梁比沈家岭低,在这两架山梁的东西,各有一条公路直通兰州城西关。狗娃山西侧,是兰临(临洮、临夏)公路,沈家岭东是兰阿(阿干镇)公路,雷坛河从谷底流过,公路沿河延伸,东边就是最高的皋兰山,居高临下。守住皋兰山、沈家岭,就能控制兰阿公路,守住狗娃山就能截断兰临公路。这块阵地,实为兰州锁钥,如果这把锁子锁好,钥匙牢牢地掌握在手中,兰州的防御战就能取得胜利,达到预期目的。

这个报告及建议经过讨论，作出如下决定：

（一）第八十二军负责兰州战役中整个内线作战战斗任务，所属第一〇〇师负责兰州东南十里山、豆家山、马架山、古城岭、大顶山一带防御任务，第二四八师东与第一〇〇师相接，负责皋兰山营盘岭一带防御任务，由参谋长马文鼎会同各师师长即到阵地进行分工，着手进行整修和挖掘工事，限两天两夜完成，部队全部进入阵地，准备战斗。

（二）第一二九军两个步兵师为预备队。第三五七师调驻小西湖，新编第一师调驻东教场。黄河以北的庙滩子至永靖一带河防由马步銮指挥该军所属部队及骑兵第八旅、骑兵第十四旅沿河布置防守，在临夏的新编骑兵军如需增援时，马步銮统率两个骑兵旅由永靖、莲花渡河应援。马全义在化隆新建的步兵军作为右翼骑兵军的后备力量。

（三）第九十一军和第一二〇军配合马鸿宾的第八十一军防守由兰州延长堡到靖远的河防，在时机成熟时，可进军到定西，截断西兰路交通线。

（四）成立兰州战役作战指挥部，成员是马继援、刘任、马步銮、卢忠良（缺席）、赵遂、马文鼎。参谋长由马文鼎兼任。

（五）宁夏兵团为总预备队，除钳制一部分共军部队外，并以两个步兵师策应兰州战斗。会议纪要，即通报宁夏兵团及各军师。

8月14日会议结束，即责成参谋长马文鼎协同第一〇〇师师长谭呈祥、第二四八师师长韩有禄、第一九〇师师长马振武，乘车上山将十里山、豆家山、马架山、古城岭、大顶山、皋兰山、营盘岭、沈家岭、狗娃山一带防御阵地按照会议决定，作了具体安排。各部队连夜作修补哨壁等防御设施。

二

8月20日前，兰州防御阵地已全部部署就绪。此时侦知解放军第十九兵团已进入兰州市东南山区；第二兵团进入兰州皋兰山及沈家岭、狗娃山一带。这时双方都在紧张地调动部署兵力，解放军的行动也可以通过望远镜看清楚。

20 日晚 11 点，解放军试探性地攻击；21 日凌晨，解放军从兰州东、南、西三面同时开始攻击。第二四八师及第八十二军的许多阵地被炮弹摧毁，第八十二军的炮火，也击中了解放军的阵地目标，起火燃烧。马继援即派马文鼎到阵地观察情况。这一天，全面发生攻战，战况异常激烈。解放军的进攻受到地形限制，我们整个防线未曾动摇。冲入前沿阵地的解放军和守军发生肉搏，短兵相接，血肉横飞，几进几出，双方伤亡惨重。

22 日，马继援到第一线召集各指挥官在皋兰山开现场会议。他说："共军初战受挫，伤亡倍于我军。我方团长郑万良中弹阵亡，全线官兵伤亡百数十人。但共军决不会罢休，我们要足够重视，决不能掉以轻心。现在兰州外围的共军，数量上暂时比我们占优势，只要我们坚持战斗，争取宁夏兵团能早日靠拢配合，陇、宁两兵团就 6 个军（即第八十二军、第一二九军、新编骑兵军、第十一军、第一二八军、贺兰军），加上马鸿宾的第八十一军，周嘉彬的第一二〇军，黄祖埙的第九十一军，共 9 个军。目前共军 3 个兵团只有 6 个军，从整个战区看，我们在数量上又比共军占优势。"马继援分析了当时战场情况后，又向在座的军官说："这次长官（指马步芳）去中央开会和马鸿逵会面，这对宁夏兵团和我们靠拢，也是个促进。同时还请中央派飞机助战，必要时骑兵第五军也可由新疆空运一部分参战。"这番话，主要是给与会的指挥官们打打气，借以安定军心。

会后，马继援视察了外围阵地，对随同视察的人员指示说："沈家岭和狗娃山东西有两条通往阿干镇和临洮的公路，是兰州西南的门户，敌人很可能调整进攻方向，调集大量兵力、炮火，从这里突破，我们有第一二九军的两个步兵师驻在小西湖及东教场作第一九〇师的后盾，是可以完成防御任务的。"

随后，马继援即驱车去长官公署向马步芳汇报，马步芳当即将兰州防御战况及解放军 21 日初战受挫情况，通报马鸿逵，并催请从速靠拢兰州，加强战斗。得到复电："即准备出兵。"但并无具体行动。马步芳除再电马鸿逵敦促出兵，并电蒋介石请其催令马鸿逵外，将兰州的一切军政事宜，全盘交与马继援及副长官兼参谋长刘任处理。他于 22 日 12 点偕同民党青海省党部主任委员马绍武及兰州警备司令部稽查长陈显宗等一行返回西宁。

23 日，宁夏方面仍毫无动静，马步芳、马继援父子二人在西宁、兰州两地互通电话，心如火燎，决定派长官公署秘书长马骥于当天下午 5 点乘吉普车由兰州起程，连夜赶往宁夏，请兵援兰。马骥携带马继援的亲笔信及礼品到达宁夏后，即见马鸿逵。马鸿逵当面答应说："当前形势紧迫，合则存，离则亡，我们出援兰州，迫在眉睫，舍此则无他途，请电子香和少香（指马步芳及马继援）放心。"马骥回到住所等了一天，还无下文。25日清晨，又见马鸿逵，这时马鸿逵态度冷淡，满口支吾，马骥就将晤见马鸿逵的情况电告马继援。

马继援接到马骥由宁夏接连发来的电报，已对宁夏兵团的迟疑态度表示担忧。25 日晨，共军发起了全面总攻，并以重兵、重炮，重点强攻沈家岭、狗娃山的第一九〇师阵地，马继援即命令守东岗镇的第一〇〇师，准备抽出一部分精锐，参加沈家岭、狗娃山战斗，并令防守黄河北岸的骑兵第八旅、骑兵第十四旅分别驰往化隆、甘都及永靖且以黄河沿加防。一时兰州各阵地炮战激烈，解放军的步兵轮番进攻，特别是沈家岭、狗娃山阵地，双方赤膊拼搏，血肉横飞，战斗达到白热化程度，整个阵地成了一片火海。解放军 3 个团的兵力，进攻第一九〇师狗娃山的第五六八团阵地。在猛烈炮火下攻势凌厉，阵地被突，急令预备队第三五七师的第二团参加战斗，但也无济于事。到下午为止，整个战场官兵伤亡人数共 2000余人。

三

当时兰州市区，战云密布，险象环生，马继援面临困境。经与先期已逃回西宁的马步芳通过无线电话，以乡土隐语互通情报后，马继援便急急忙忙地于当天（25日）下午2时，召集师长以上军官开会，宣布"撤出兰州市区"，决定晚7时开始撤退。并当场作了如下安排：

（一）第一二九军军长马步銮在黄河铁桥负责指挥撤退。

（二）按第一〇〇师、第二四八师、新编第一师、第三五七师的顺序，从晚7时起依次按两小时的间隔相继撤退，以免过桥拥挤。

（三）第一九〇师全力固守沈家岭、狗娃山阵地，等全军撤退完毕，最后撤出。长官公署及附属机构、兰州市宪警部队，均向河西撤退。

（四）第八十二军所属各部队，全部由甘、新公路经永登折向西南到青海大通、门源集中；第一二九军所属步兵师及骑兵第八旅、骑兵第十四旅全部由甘青路经河口、享堂到西宁上五庄、三角城等地集中待命。

1949年8月25日晚，马步銮率领一个由参谋、军法人员组成的20多人的撤退疏导小组，组长由第一二九军副参谋长马生福负责，分布在铁桥沿线进行工作。晚7时正开始撤退，马步銮在桥北的西侧监视撤退到天明。另派副军长韩得铭住在河口，分导两军部队按上述路线撤退。但在撤退命令发布后，各部队都急不可待地抢过铁桥，结果在小西湖七里河的第三五七师，在教场的新编第一师，及沈家岭、狗娃山的第一九〇师，在皋兰山的第二四八师，抢先过黄河，一片混乱。第一〇〇师远守东岗镇、十里山、豆家山、古城岭一带，距铁桥约40里，结果到了最后面。有些习水性的官兵便武装泅渡，溺水而死的不少，其中该师第一团团长马占奎、二团团长韩成功，官兵分离，骑兵武装从东教场渡过黄河。最后一部撤到兰州城西及铁桥附近时，被解放军入城部队堵截，发生巷战，伤亡惨重。马步芳守兰州的部队，就这样被击溃了。8月26日，人民解放军解放了兰州。

史载忠：原系国民党第八十二军上校高参

马迪甫：原系国民党第八十二军第一九〇师上校政工处主任兼副师长

李庆芬：原系国民党第一二九军上校秘书

马义明：原系国民党第八十二军第一〇〇师上校政工处主任兼副师长

马尚武：原系国民党第八十二军参谋处中校科长

【选自《一野最后一战》，剑彬编著，国防大学出版社 1997 年 4 月第 1 版】

兰州战役中的国民党二四八师

◎ 韩有禄

1949 年 8 月，青马部队在咸阳、固关战败后，迅速向兰州溃退。马步芳、马继援父子企图在兰州与人民解放军第一、二兵团和第十九兵团进行决战。

8 月 14 日，第八十二军、第一二九军所属各部队全部到达兰州。当天中午，马继援在兰州河北庙滩子军部，召集第八十二军所属第一〇〇师师长谭呈祥，第一九〇师师长马振武，第二四八师师长韩有禄，骑兵第十四旅旅长韩世荣和第一二九军军长马步銮，新编第一师师长马璋，第三五七师师长杨修戎，骑兵第八旅旅长马英等举行军事会议，部署兰州防御战的有关事宜。马继援在会上命令各部队长，限 6 天时间迅速在黄河以南从东岗坡、皋兰山、沈家岭、狗娃山一线，占领阵地构筑工事，准备与共军决战。他这一口头命令下达后，立即部署：第一〇〇师从东岗坡黄河沿至皋兰山东缘，为该师防御阵地；第二四八师从皋兰山东缘至沈家岭东缘，为该师防御阵地。骑兵第十四旅为河防部队，在黄河以北，从黄河铁桥以西十里店、安宁堡、河口、刘家峡（莲花），沿黄河北岸占领阵地，构筑工事，并在沙井驿至河口一带多设暗堡构成火网，特别在各渡口处更要加强工事。对黄河以南新城一带的皮筏和水手集中管制，不得被共军利用。第一二九军军直和骑兵第八旅从黄河北岸桑园峡至十里店为河防防守区，严密防守；第一二九军军长马步銮为河防指挥，指挥部设在黄河铁桥以北白塔山上。马继援说："这次固守兰州是关键，也是我们生死存亡的最后决战……"随后马继援亲领各师、旅长和参谋长等，乘汽车上皋兰山现场观察地形，划分阵地。他还一面观察地形，一面得意扬扬地对我们说："共军这次长途跋涉，兵力疲劳，加之后方运输线长，补给困难。而我们是以逸待劳，弹药粮秣充足，士气振奋，运输也较短，这些都是我们的有利条件。同时，兰州自古以来易守不易攻，这里三面环山，峰峦高耸，实为一座天然屏障；北面又有黄河天险，河面宽阔，兼之山上还有修筑好的国防工事，只要我们全军上下奋勇作战，是稳操胜券的。"

当我接到军长的命令和观察现场后，立即召集本师营长以上部队长，在皋兰山一带，作了如下的防御部署：

（一）命令第一团团长韩有福，为本师第一线左翼防御部队，东起友军第一〇〇师右翼阵地，至皋兰山中央前缘，占领阵地，构筑工事；第二团团长谭腾蛟，为本师右翼防御部队，左起第一团西端阵地，右至友军第一九〇师左翼阵地（沈家岭）东端连接处，占领阵地，构筑工事。

（二）师直属各部队为本师第二防线，在皋兰山制高点后面占领阵地，构筑工事，进行防御；迫炮连在皋兰山下飞机场，炮兵观测所设在皋兰山顶高地，进行观测；师指挥部设在皋兰山右后面高地。

与此同时，本师各部队又在原有的钢筋水泥国防工事的基础上，重新开辟了坚固工事，工事前沿的山坡被削成上中下三层峭壁，每层高 3 丈左右，并在各要点上设置了火网据点；特别在防线东西两端设置地堡，构成了严密的交叉火网。

8 月 19 日早上 7 时整，正面的解放军开始了试探性的攻击，忽在左翼，忽在右翼，使用大炮集中火力，企图摧毁我方工事。但由于我阵地工事比较坚固，火网构成严密，阵地前沿是峭岩断壁，一时无法攻入。这样先后炮攻 3 次，于 22 日下午火力渐断，停止攻击。当晚 7 时左右，又忽在我右翼友军第一九〇师前沿阵地沈家岭、狗娃山一带进行猛烈攻击，其火力时而集中在沈家岭阵地，时而又集中到狗娃山阵地。23 日和 24 日两天，解放军主攻力量明显加强。当时第一九〇师阵地前硝烟弥漫，炮火连天，变成一片火海。这时，马继援在电话上问我战况，我即将上述情况作了汇报。他回答说："你师对皋兰山防地不能麻痹大意，一定要严阵以待。第一九〇师的阵地，我已命令杨修戎师迅速增援，加强防守；宁夏部队已经出发驰援兰州；中央也已派出空军来助战，我们坚定信念，看看共军有多大武艺，让他们表演吧！"马继援这段打气的话，当时给我精神上很大的鼓舞，随之我又把马继援的这段话转给各团长，借以稳定他们的作战信心。

8 月 25 日凌晨，我两翼阵地炮火再起，我右翼第一九〇师阵地，战斗激烈，炮火冲天，整个阵地一片火海，一直延续到当日晚 7 时左右。军长马继援在当天下午 3 时左右紧急召集各师长开会，当我们赶到军部时，看到马继援脸孔失色，情绪紧张，他当即对我们命令说："接到长官（指马步芳）命令，今晚迅速撤出兰州。第八十二军各部队，过黄河进入沙沟，沿金羌驿、永登过天堂寺到大通；第一二九军各部队沿兰青公路经过河口，施行火力封锁，将民间的皮筏和水手集中起来，待我各部队全部过黄河后，于 26 日由长官公署作战处将黄河铁桥炸毁。今晚各部队撤退的时间是：一〇〇师下午 5 点迅速撤退东岗坡和东山一带阵地，速过黄河桥；下午 7 点整，二四八师迅速退下皋兰山过河；9 点，第一九〇师和杨修戎师退出沈家岭、狗娃山，迅速下山过河，依次顺序西上。骑兵第十四旅，待我部队全部撤出，最后沿兰青公路掩护西退。"我听完马继援的退却命令后，立即回到前方阵地，进行部署有关退却事宜，用电话给师直属和两个团下达了退却命令：下午 7 点整，皋兰山左翼第二团开始退出阵地，随后第一团、师直属各部队依次迅速撤离阵地，下皋兰山过黄河铁桥，在金城关一带待命，师指挥部在河北铁桥左方。

自接到马继援下达的撤退命令后，整整撤退了一夜，人叫马嘶，抢渡黄河铁桥。铁桥上时时拥塞一些运载物资的车辆，铁桥南端又有一辆满载弹药的车被共军枪弹击中，响起一片爆炸声，撤退的人马哄乱一团。有的部队失去了自己的建制，官找不到兵，兵找不到官，纷纷乱跑；有的在黄河以南西关、小西湖一带隐藏起来，走投无路，被解放军俘虏；也有一些抢渡时落水的官兵在波涛汹涌的黄河中连人带马付之东流。至此，马步芳父子"保卫兰州"的幻想终于破灭了。溃败的青马残余部队，惊慌西奔，陆续逃回西宁、大通、三角城等地，先后向解放军投诚。

韩有禄：当时系国民党第八十二军第二四八师少将师长

【选自《一野最后一战》，剑彬编著，国防大学出版社1997年4月第1版】

主要参考书目与文献资料

［1］中共中央党史研究室.中国共产党历史（第一卷）.北京：中共党史出版社.（2010）第1版

［2］星火燎原编辑部.中国人民解放军将帅名录.北京：解放军出版社.（2006）第1版

［3］第一野战军战史编审委员会.中国人民解放军第一野战军战史.北京：解放军出版社.（1995）第1版

［4］许福芦.第一野战军.北京：长征出版社.（2012）第1版

［5］孙文广.一野全战事.北京：长城出版社.（2016）第1版

［6］许福芦.第一野战军征战纪实.北京：解放军文艺出版社.（2007）第1版

［7］剑彬.一野最后一战.北京：国防大学出版社.（1997）第1版

［8］张振德.西北革命史.西安：陕西人民教育出版社.（1991）第1版

［9］彭德怀.彭德怀自述.北京：人民出版社.（1981）第1版

［10］习仲勋传编委会.习仲勋传.北京：中央文献出版社.（2013）第1版

［11］张宗逊.张宗逊回忆录.北京：解放军出版社.（2008）第1版

［12］渭南市临渭区地方志办公室.从渭南走出的开国上将张宗逊（内部资料）.（2014）第1版

［13］全国政协文史和学习委员会.回忆赵寿山.北京：中国文史出版社.（2017）第1版

［14］王嘉翔.大将许光达.沈阳：辽宁人民出版社（1988）第1版

〔15〕罗元发.罗元发回忆录.北京：光明日报出版社.（1995）第 1 版

〔16〕罗元发.战斗在大西北.乌鲁木齐：新疆人民出版社.（1983）第 1 版

〔17〕李彦青.黄土地红土地.北京：解放军出版社.（1992）第 1 版

〔18〕王清魁.中国人民解放军战役集成.北京：解放军出版社（1987）第 1 版

〔19〕兰州军区党史资料征集委员会办公室，甘肃人民出版社革命回忆录编辑室.兰州战役（回忆录）.兰州：甘肃人民出版社.（1983）第 1 版

〔20〕甘肃省档案馆.兰州解放.北京：中国档案出版社.（2009）第 1 版

〔21〕范圣予等.解放大西北.兰州：甘肃人民出版社.（1990）第 1 版

〔22〕刘立波.国共生死大决战——兰州攻坚战.北京：军事科学出版社（2007）第 1 版

〔23〕眉县文史资料第 18 集.扶眉战役回忆录（内部资料）.（2017）第 1 版

〔24〕中共兰州市城关区委党史办公室.中国共产党兰州市城关区历史.兰州：甘肃人民出版社.（2013）第 1 版

〔25〕陕甘宁边区—红色记忆多媒体资料库.陕西省文化厅主办"全国文化信息资源共享工程"陕西省分中心Copyright 2014–2015 www.shawh.org.cn All Rights Reserved

后 记

　　为了挖掘、整理城关大地上发生的革命历史，传承红色精神，在区委、区政府和有关领导的大力支持下，区史志部门于2021年初组织人员对兰州战役中皋兰山营盘岭战斗进行系统地史料收集、采访、编写工作。承蒙省、市党史部门和有关专家的悉心指导，尤其是中共兰州市委党史研究室和解放兰州亲历者及英烈家属子女提供了许多鲜为人知的宝贵资料，兰州市地方志办公室、兰州战役纪念馆提供了本书（除署名外）相关珍贵图片，我们才得以完成营盘岭战斗的初稿。初稿送有关专家审阅后，我们汲取各方面意见，先后八易其稿，于2024年3月完成书稿，并定名为《红旗漫卷营盘岭》。中国文史出版社、兰州大雅文化艺术有限公司在此书出版中给予了大力支持，使这本书在兰州解放75周年之际付梓刊印，与读者见面。在此，谨向关心支持我们工作的各位领导、专家、受访者和付出辛劳的有关单位与个人表示衷心的感谢！

　　在本书的编写过程中，参考的书籍、文章、书信，有的是公开发表的，有的是个人的记述，限于篇幅和叙事情节的需要，我们只在文后附录里列出了部分主要的参考书目，文中引用的史料没有说明作者和出处，在此深表歉意。

由于我们水平所限，舛误之处在所难免，敬请各位专家、读者，特别是英烈后代提出宝贵意见！

编　者

2024 年 7 月